ENCHIRIDION
DU
PAPE LÉON

REPRODUCTION
DE L'ÉDITION
1660

UNICURSAL

Copyright © 2017-2024

Éditions Unicursal Publishers
unicursal.ca

ISBN 978-2-924859-07-0 (PB)
ISBN 978-2-89806-318-3 (HC)

Première Édition, Samhain 2017
Deuxième Édition, Imbolc 2024

Tous droits réservés pour tous les pays.

Aucune partie de ce livre ne peut être reproduite ou transmise sous aucune forme ou par quelque moyen électronique ou mécanique que ce soit, par photocopie, par enregistrement ou par quelque forme d'entreposage d'information ou système de recouvrement, sans la permission écrite de l'éditeur ou de l'auteur.

ENCHIRIDION LEONIS PAPÆ

SERENISSIMO IMPERATORI
CAROLO MAGNO
IN MUNUS PRETIOSUM DATUM
NUPERRIME MENDIS OMNIBUS
PURGATUM

ROMÆ

MDCLX

AUX SAGES
CABALISTES

*C*E *n'est qu'après des recherches pénibles et assidues que nous sommes parvenus à perfectionner et compléter l'Enchiridion de Pape Léon. Toutes les différentes impressions de cet ouvrage, dont nous sommes en possession, tant de Parme, Mayence, Ancône, Rome, Lyon et Francfort, etc., nous ont mis dans le cas de le présenter aux Curieux avec plus d'ordre et d'exactitude qu'il n'a paru jusqu'ici. La façon de s'en servir varie dans presque toutes les éditions de cet Ouvrage, et c'est peut-être à cause de ces divers changements, ou parce que l'on trouve quelque analogie avec le nom de l'Auteur, qu'on l'a surnommé le Papillon. On trouve dans différentes impressions de ce Livre les Sept Psaumes que nous avons supprimés, y ajoutant en place des vertus de ces mêmes*

Psaumes, avec le Caractère et le nom de l'esprit auxquels ils se réfèrent, tirés de la Cabale. Charlemagne, à qui cet Ouvrage est consacré comme un gage et un trésor précieux, a été le premier qui en, a connu, par expérience, les effets surprenants et merveilleux ; il en récitait avec vénération les Oraisons, la face tournée du côté du soleil levant, et avait fait vœu de les porter sur lui écrites en caractère d'or : toutes les figures dont le Livre est orné sont tirées des plus rares manuscrits que l'antiquité nous transmis, et elles sont adhérentes aux Oraisons où elles se trouvent ; elles opèrent en les portant sur soi. On peut consulter, à leur sujet, le Calendrier magique de la Philosophie occulte du célèbre Agrippa.

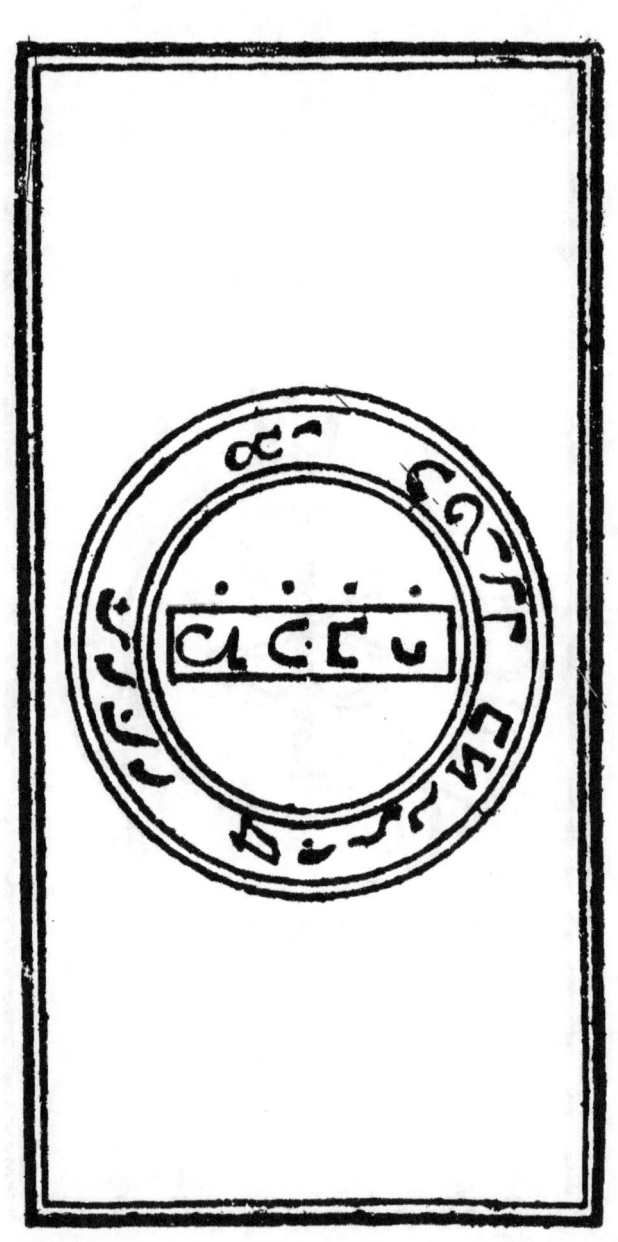

Le commencement du S. Evangile selon S. Jean.

Le Verbe était dès le commencement, et le Verbe était en Dieu, et le Verbe était Dieu, et il était dès le commencement dans Dieu. Toutes choses ont été faites par lui, et rien n'a été fait sans lui ; ce qui a été fait était vie en lui, et la vie (de la Grâce) était la lumière des hommes : cette lumière luit dans les ténèbres, et les ténèbres ne l'ont point comprise ; il y eut un homme appelé Jean, envoyé de Dieu ; celui-là vint être témoin pour rendre témoignage de la lumière, afin que tous crussent par son moyen, mais encore qu'il rendît témoignage de la lumière, il était pourtant lui-même la lumière. La lumière véritable était celle qui éclaire tout homme venant en ce monde, il était dans le monde, et le monde a été fait par lui, et le monde ne l'a point connu, il est venu dans son propre héritage, et les siens ne l'ont pas reçu ; il a donné le pouvoir d'être faits enfants de Dieu à tous ceux qui l'ont cru, et qui ont cru en son nom, qui ne sont pas nés du sang, ni des désirs de la chair, ni de la volonté de l'homme, mais de Dieu (étant régénérés par le Sacrement et par la Grâce de Jésus-Christ). Et le Verbe a été fait chair et il a habité parmi nous ; et nous avons vu sa gloire comme le devait avoir le Fils unique du Père. Il était plein de grâce et de vérité. Rendons grâces à Dieu.

Psaume 6. *Domine, ne in furore tuo arguas me, etc.*

David fit ce Psaume pour demander à Dieu la victoire contre son fils Absalon, et le pardon des péchés. Si on le dit dévotement, il console un pécheur et lui ôte la tristesse d'avoir offensé Dieu, et le convertit en joie et en amour.

S. Cassiadore dit que relui qui le dira trois fois dévotement de suite changera la mauvaise volonté d'un Juge inique, pour empêcher qu'il ne condamne injustement.

Il est bon contre tous les travaux et tourments d'esprit, le disant sept fois quand on a besoin, nommant à chaque fois le nom de son Intelligence, puis dire : *Je te prie ISU, Seigneur du salut par la vertu de tes saints noms et de ce Psaume, que tu me délivres de N. tourments ou mal dont tu peux délivrer qu'il te plaît.*

Il est bon pour le mal des yeux, si on le dit sept fois le jour pendant trois jours de suite, et nommer à la fin son Intelligence, et toutes les fois écrire son Caractère sur une feuille de laitue de laquelle il faut toucher l'œil. Nom de l'Intelligence, HAEL. Caractère. (Fig.1 p.36.)

Psaume 31. *Beati quorum remissæ sunt, etc.*

Il sert pour savoir si Dieu nous a pardonné nos péchés, et contre la morsure des chiens et des serpents, et particulièrement le verset *in chamo et freno*, etc... Il est encore bon pour ceux qui ont des crimes cachés et qui craignent d'être découverts, s'ils le disent trois fois tous les jours, avec le nom de l'Intelligence qu'il faut écrire sur la poitrine avec son Caractère, et l'on n'en parlera jamais, Nom de l'Intelligence, Hunel. Caractère. (Fig.2)

Psaume 37. *Domine, ne in furore tuo arguas me, etc.*

Saint Jérome et Saint Augustin assurent que celui qui le dit dévotement obtient la rémission de ses péchés, et l'exempte de la peine qu'il mérite. Il guérit le mal caduc, si on l'écrit avec un poinçon sur une lame d'argent, lorsque Mars est en bon aspect avec la Lune, avec le nom et le Caractère de l'Intelligence, le Mardi et son Intelligence et Caractère, et le faire dire au malade sept jours de suite le matin et le soir, et lui faire porter au cou ladite lame. Nom de l'Intelligence, Ramiach. Caractère. (Fig.3)

Psaume 50. *Miserere mei, Deus, secundum magnam, etc.*

David ayant pris Bethsabée après la mort d'Urie son mari, et le Prophète Nathan l'ayant repris, comme l'on voit au second livre des Rois, chapitre 12, connaissant alors son péché, fit ce Psaume qui a la vertu de donner la contrition, il le composa par le commandement de Dieu. S. Jérôme dit qu'il nous fait obtenir la rémission de nos péchés, si on le dit tous les jours depuis qu'on les a commis. Saint Augustin assure qu'ils seront pardonnés, et que nous irons au Ciel, ce qui le rend admirable. Saint Ambroise l'appelle le Psaume glorieux et utile pour la santé du corps et de l'âme, le disant tous les jours, et contre les tentations, si on le dit trois fois le jour avec son Intelligence sur de l'huile de lin, et de cette huile on marque le Caractère sur la région du cœur. Nom de l'Intelligence, JENDSEL. Caractère. (Fig.4)

PSAUME 101. *Domine, exaudi orationem meam, etc.*

DAVID fit ce Psaume à cause du peuple d'Israël qui devait être délivré par la venue de Jésus-Christ, comme il est écrit au second livre des Machabées. Ce Psaume doit être le septième des Pénitentiaux, avec raison. Saint Jérôme assure que celui qui le dira dévotement tous les jours sera merveilleusement consolé en toutes ses afflictions. Pour faire concevoir une femme qui ne peut avoir d'enfant, il faut écrire avec dévotion sur du taffetas blanc l'Intelligence et le Caractère au-dessous, le tout avec du sang de colombe, et que la femme le porte toujours pendu au cou, et quand elle habitera avec son mari, qu'elle ne manque pas de le tourner derrière son dos entre les épaules, afin qu'il pende le long de l'épine du dos. Nom de l'Intelligence, Silti ou Silli. Caractère. (Fig.5)

Psaume 125. *De profundis clamavi ad te, Domine, etc.*

On chantait ce Psaume au second degré, figurant que l'Eglise de Dieu prie incessamment pour les pécheurs; afin d'effacer les taches de leurs crimes. Saint Jérôme dit que David fut converti par sa vertu, ainsi que l'apôtre S. Paul le fut, et le peuple de

Dieu délivré. Saint Augustin appelle cette Oraison vraiment pénitentielle, parce qu'elle est très utile pour les morts sur tous les autres psaumes graduels. Il est bon contre les tempêtes et les tentations, et le même Saint dit que cette prière a toujours été exaucée de Dieu, lorsqu'elle a été dite dévotement. Elle sert pour avoir révélation en songe, si l'on écrit son Intelligence et son Caractère sur trois feuilles de cèdre, qu'on les mette sous la tête sur le chevet du lit en y entrant, et qu'on dise trois fois le Psaume, et trois fois : *Je te prie Hassar que tu me fasses voir clairement cette nuit la réponse de ce que je désire savoir.* Nom de l'Intelligence, STILU. Caractère. (Fig.6)

Psaume 142. *Domine, exaudi orationem meam, etc.*

Pour nous servir d'instruction, Dieu dit à David qu'il ne serait jamais délivré de ses ennemis et qu'il n'entrerait jamais en son royaume, qu'il n'eût fait ce Psaume, qui est appelé l'Oraison larmoyante de David, par la vertu de laquelle il eut tout ce qu'il demanda ; parce que le Saint-Esprit le conduisait en toutes ses actions. Sa vertu nous conduit par l'esprit de Dieu en tous lieux glorieux et remplis de biens spirituels et temporels. Saint Jérôme dit qu'il procure le salut du corps et de l'âme sur tous les autres psaumes. Il est pénitentiel et de grande vertu. Il est bon pour les voyageurs par mer et par terre, et pour ceux qui cherchent des charges et des dignités ; s'ils sont des gens de bien, le Saint-Esprit leur enseignera la voie qu'ils doivent regarder, et les gardera les jours qu'ils l'auront dit. Saint Jérôme assure l'avoir expérimenté avec plusieurs autres. Il est bon pour ceux qui veulent se retirer du monde ou se marier, et réussir en toutes choses, parce que le Saint-Esprit les conduira par la vertu de ce Psaume. Il sert encore pour les prisonniers, en faisant ce qui est prescrit au Psaume 141.

Notez qu'il ne faut point se persuader que les impies, les incrédules, les moqueurs, les superbes, les avares, les menteurs et autres pécheurs, ou gens enveloppés dans les ténèbres du vice, de l'ignorance, et de toutes les autres passions humaines, puissent goûter les fruits d'un arbre divin ; car si quelque curieux voulait en faire l'expérience pour satisfaire sa curiosité, ses plaisirs, sa vengeance, son avarice, sa vanité et autres passions, et qu'elle ne réussît pas au gré de ses désirs, il ne doit point en attribuer la faute à cet ouvrage si saint, mais seulement à lui-même qui s'en est rendu indigne par ses crimes parce que cette grâce si admirable et si particulière n'est réservée que pour ceux qui sont véritablement gens de bien, et remplis de charité, de piété, d'humilité, et de toutes les autres vertus divines. (Fig.7)

ENCHIRIDION
DU PAPE LÉON

Envoyé comme un rare présent au Très-Sérénissime Charles-le-grand, *Empereur.*

Saint Léon, Pape, a rassemblé et mis par ordre l'Oraison suivante des propres paroles et préceptes de notre Mère sainte Eglise, et l'envoya à Charlemagne, disant si vous croyez fermement, sans vous mettre en doute, que chaque jour que vous réciterez avec dévotion l'Oraison suivante, et la porterez sur vous avec respect, soit dans la maison, soit dans la guerre, soit sur mer ou dans quelque lieu que vous soyez, aucun de vos ennemis n'aura l'avantage sur vous ; vous serez invincible et délivré des plus méchantes infirmités et de toutes adversités. Au nom de

Notre-Seigneur Jésus-Christ, ainsi soit-il et en faveur et mémoire du même Roi Charles, il la fit écrire en lettres d'or, laquelle il a toujours portée sur lui avec grand soin et le dernier respect et dévotion. Ainsi aucun mortel ne pourra exprimer les vertus de cette Oraison. Si les hommes en connaissaient l'excellence et la vertu, ils la réciteraient chaque jour avec grande dévotion, et ne la quitteraient jamais de dessus eux, d'autant qu'il ne se trouve personne au monde qui, l'ayant récitée, ait été abandonné de Dieu dans tous ses besoins et nécessités, et qu'il ne soit venu à son but, en finissant heureusement ses jours ; l'expérience incontestable l'a fait connaître à plusieurs, ainsi que celui qui la récitera chaque jour avec dévotion, et la portera sur soi avec honneur et respect, sans aucune altération de corps à la gloire et louange de Dieu tout-puissant, de la glorieuse Vierge Marie sa Mère, et de toute la Cour céleste, sera préservé pendant ce jour du fer, de l'eau, du feu et d'une mort subite.

Le Diable même n'aura aucun pouvoir sur lui et ne mourra point sans confession, son ennemi n'aura aucun avantage sur lui, soit en dormant, ni dans ni dehors du chemin, ni en aucun lieu que ce puisse être, il ne sera jamais vaincu ni fait prisonnier : elle est merveilleuse aussi contre les tempêtes, la foudre et le tonnerre ; si on la récite sur un vase d'eau bénite, dont on asperge l'air en forme de croix, aussitôt la tempête et le tonnerre cesseront. Si on est sur mer et qu'on la récite trois fois, il n'arrivera aucun fâcheux accident ni tempête ce jour-là ; étant aussi dite trois fois sur une personne possédée du malin esprit, soit pour lui-même ou par quelque autre, avec une chandelle bénite allumée, il sera délivré d'abord, si quelque femme est en péril dans le travail, et qu'on récite trois fois avec une chandelle bénite allumée ladite Oraison, elle sera délivrée à l'instant : et si quelqu'un veut partir et se rendre en voyage, qu'il la dise aussi trois fois avant de partir, ou la récite devant lui et la porte sur soi le long du voyage, il sera délivré de tout accident et de tout péché ; et s'il vient à mourir de quelque maladie, il sera sauvé.

Cette Oraison digne de foi a été éprouvée par plusieurs personnes.

Ici commencent les mystérieuses Oraisons du Pape Léon.

Oraison contre toutes sortes de charmes, enchantements, sortilèges, caractères, visions, illusions, possessions, obsessions, empêchements, maléfices de mariage, et tout ce qui peut nous arriver par maléfices des sorciers ou par l'incursion des Diables, et aussi très profitable contre toutes sortes de malheurs qui peuvent être donnés aux chevaux, juments, bœufs, brebis et telles autres espèces d'animaux.

Verbe qui avez été fait chair, attaché à une Croix, assis à la droite de Dieu le Père, je vous conjure par votre saint Nom, à la prononciation duquel tout genou fléchit, exaucez les prières de ceux qui mettent leur confiance et croyance en vous, daignez préserver cette créature N. par votre S. Nom, par les mérites de la sainte Vierge votre Mère, par les prières de tous les saints, oui des saints de Dieu, de toute attaque de maléfice de la part des démons et des malins esprits, vous qui vivez et régnez avec Dieu le Père et le Saint-Esprit en unité. Car voici la Croix de N.-S. J.-C. d'où dépend notre salut, notre vie, notre résurrection spirituelle, la confusion de tous les démons et malins esprits. Fuyez donc, disparaissez d'ici, démons, ennemis jurés des hommes ; car je vous en conjure, vous démons infernaux, esprits malins, qui que vous soyez, présents et absents, sous quelque prétexte que vous soyez appelés, invités, conjurés ou envoyés de votre bon gré, ou forcés par menaces ou par l'artifice des hommes méchants ou méchantes, pour y demeurer ou habiter : je vous conjure donc derechef, quelque opiniâtre que vous soyez, de quitter cette créature par le grand Dieu vivant † par le vrai Dieu † par le Dieu Saint † par le Dieu Père † par le Dieu Fils † et par le Saint-Esprit aussi Dieu † mais principalement par celui † qui a été immolé en Isaac † vendu dans Joseph † qui étant homme a été crucifié † qui a été tué comme un agneau, par le sang duquel Saint Michel combattant avec vous, vous a vaincus, vous a fait fuir, lorsque vous vouliez paraître devant lui ; je vous défends de sa part et par son autorité, sous quelque prétexte que ce soit, de faire aucun mal à cette créature, soit dans son corps ou hors d'elle, ni par vision, ni frayeur ni crainte, tant la nuit que le jour, soit qu'elle dorme, soit qu'elle veille, mange, prie, soit qu'elle agisse naturellement ou spirituellement : je veux dire, si vous êtes rebelle à ma volonté, je lance sur vous toutes malédictions, excommunications, et vous condamne de la part de la très Sainte Trinité d'aller dans l'étang du feu du soufre où vous serez conduits et tourmentés, par le bienheureux Saint Michel ; car si l'on vous y a obligés, en vous faisant quelque fort et exprès commandement, soit en vous rendant quelque culte d'adoration et de parfum, que l'on ait jeté quelque sort par parole ou magie, soit sur les herbes, les pierres ou dans l'air, soit que cela se soit fait naturellement, simplement, mixtement, soit que ces choses soient temporelles ou spirituelles, ou enfin qu'on se soit servi des choses sacrées, qu'on ait employé les noms du grand Dieu ou des Anges, qu'on se soit servi de Caractères, qu'on ait examiné les heures, minutes, jours, années, mois même, quand on aurait fait avec vous quelque pacte tacite ou manifeste, même avec serment solennel. Je casse, détruis et annule toutes ces choses par la puissance et vertu de Dieu le Père † qui a créé toutes choses, par la sagesse du Fils † Rédempteur de tous les hommes, par la bonté du S. Esprit † ; en un mot, par celui qui a accompli la Loi en son entier † qui est †, était † et sera toujours † *omnipotens Agios* † *Athanatos* † *Sother* † *Tetragrammaton* † *Jeova* † *Alpha et Omega* † *commencement et fin* ; en un mot, que toute la puissance infernale soit détruite et mise en fuite, en faisant sur cette créature N. le signe de la Croix sur laquelle J.-C. est mort, et par l'incarnation des saints

Anges, Archanges, patriarches, prophètes, apôtres, Martyrs, confesseurs, vierges, et de la bienheureuse Vierge Marie, et généralement de tous les saints qui jouissent de la présence de Dieu depuis la création du monde, aussi bien que des saintes âmes qui vivent saintement dans l'Eglise de Dieu. Rendez vos hommages au Dieu Très-Haut et puissant, et qu'ils pénètrent jusqu'à son trône, comme la fumée du cœur de ce poisson qui fut brûlé par l'ordre de l'archange Raphaël; disparaissez comme l'esprit immonde disparut de devant la chaste Sara; que toutes ces bénédictions vous chassent et ne vous permettent pas d'approcher nullement de cette créature qui a l'honneur de porter sur son front le signe de la sainte Croix, parce que le commandement que je vous fais maintenant n'est pas le mien, mais celui qui a été envoyé du sein du Père Eternel, afin d'anéantir et détruire tes maléfices, ce qu'il a fait en souffrant la mort sur l'arbre de Croix; il nous a donné ce pouvoir de vous commander ainsi par sa gloire, pour l'utilité des fidèles; ainsi nous vous défendons, selon le pouvoir que nous avons reçu de N.-S. J.-C. et en son nom, d'approcher de cette créature: fuyez donc disparaissez à la vue de la Croix; le lion de la tribu de Juda vainquit, ainsi que la famille de David: Alleluia. Ainsi soit-il, ainsi soit-il. Que cela se fasse, que cela se fasse.

Voici les sept Oraisons mystérieuses que l'on doit dire pendant la semaine.

Par qui, Seigneur, vous produisez toujours tous ces biens † vous les sanctifiez † vivifiez et bénissez † c'est par lui-même † avec lui-même † et en lui-même, qu'à vous Dieu Père tout-puissant appartient tout honneur, gloire, force et puissance, pendant tous les siècles des siècles. Ainsi soit-il. Prions, étant instruits par le commandement du Sauveur, et étant conduits par l'institution divine, nous oserons dire :

Pour le Dimanche.

Notre Père qui êtes dans les cieux, que votre Nom soit sanctifié, que votre règne arrive, etc., mais délivrez-nous du mal. Ainsi soit-il.

Délivrez-moi, Seigneur, je vous prie, qui suis votre créature N. de tous les maux passés, présents et à venir, tant de l'âme que du corps, et donnez-moi par votre bonté la paix et la santé, et me soyez propice, moi qui suit votre créature par l'intercession de la bienheureuse Vierge Marie et de vos apôtres, S. Pierre, Paul, André, et de tous les saints. Accordez la paix à votre créature et la santé pendant ma vie, afin qu'étant assisté du secours de votre miséricorde, je ne sois jamais esclave du péché, ni dans la crainte d'aucun trouble, par le même Jésus-Christ votre Fils, Notre-Seigneur, qui étant Dieu, vit et règne en l'unité du Saint-Esprit dans tous les siècles des siècles. Ainsi soit-il. Que la paix du Seigneur soit toujours avec moi, ainsi soit-il. Que cette paix céleste, Seigneur, que vous avez laissée à vos disciples, demeure toujours ferme dans mon cœur, et soit toujours entre moi et mes ennemis tant visibles qu'invisibles, ainsi soit-il. Que la paix du Seigneur, son visage, son corps, son sang m'aide, me console et me protège, moi qui suis votre créature N. aussi bien que mon âme et mon corps, ainsi soit-il. Agneau de Dieu, qui avez daigné naître de la Vierge Marie, qui étant sur la Croix avez lavé le monde de ses péchés, ayez pitié de mon âme et de mon corps ; Christ, Agneau de Dieu, immolé pour le salut du monde, ayez pitié de mon âme et de mon corps. Agneau de Dieu, par lequel tous les fidèles sont sauvés, donnez-moi votre paix qui doit toujours durer, tant dans cette vie que dans l'autre. Ainsi soit-il.

Pour le Lundi.

O GRAND Dieu, par lequel toutes choses ont délivrées, délivrez-moi aussi de tout mal ! O grand Dieu, qui avez accordé votre consolation à tous les êtres, accordez-la-moi aussi ! O grand Dieu, qui avez secouru et assisté toutes choses, aidez-moi aussi et me secourez dans toutes mes nécessités, mes misères, mes entreprises, mes dangers ; délivrez-moi de toutes les oppositions et embûches de mes ennemis tant visibles qu'invisibles, au nom du Père qui a créé le monde entier † au nom du Fils qui l'a racheté † au nom du Saint-Esprit qui a accompli la loi dans toute sa perfection ; je me jette tout entier entre vos bras, et me mets entièrement sous votre sainte perfection, ainsi soit-il. Que la bénédiction de Dieu le Père tout-puissant, du Fils et du Saint-Esprit soit toujours avec moi, ainsi soit-il. † Que la bénédiction de Dieu le Père, qui de sa seule parole a fait toutes choses, soit toujours avec moi. † Que la bénédiction de Notre-Seigneur Jésus-Christ, fils du grand Dieu vivant, soit toujours avec moi, † ainsi soit-il. Que la bénédiction du Saint-Esprit avec ses sept dons soit toujours avec moi, † ainsi soit-il. Que la bénédiction de la Vierge Marie avec son Fils soit toujours avec moi, ainsi soit-il.

Que la bénédiction et consécration du pain et du vin que Notre-Seigneur Jésus-Christ a faite quand il les donna à ses disciples, leur disant:

Pour le Mardi.

P RENEZ et mangez tous de ceci: Ceci est mon corps qui sera livré pour vous en mémoire de moi et pour la rémission de tous les péchés, soit toujours avec moi. † Que la bénédiction des saints Anges, Archanges, des Vertus, des Puissances, des Trônes, des Dominations, des Chérubins, des Séraphins soit toujours avec moi, † ainsi soit-il. Que la bénédiction des patriarches et prophètes, apôtres, martyrs, confesseurs, Vierges, et de tous les saints de Dieu soit toujours avec moi, † ainsi soit-il. Que la bénédiction de tous les cieux de Dieu soit toujours avec moi, † ainsi soit-il. Que la majesté de Dieu tout-puissant me soutienne et protège; que sa bonté éternelle me conduise; que sa charité sans bornes m'enflamme; que se divinité suprême me conduise; que la puissance du Père me conserve; que la sagesse du Fils me vivifie; que la vertu du Saint-Esprit soit toujours entre moi et mes ennemis tant visibles qu'invisibles, ainsi soit-il. Puissance du Père, fortifiez-moi: sagesse du Fils, éclairez-moi: consolation du Saint-Esprit, consolez-moi. Le Père est la paix, le Fils est la vie, le S. Esprit est le remède de la consolation et du salut, ainsi soit-il. Que la divinité de Dieu me bénisse, ainsi sois-il; que sa piété m'échauffe; que son amour me conserve. O J.-C., Fils du grand Dieu vivant, ayez pitié de moi, pauvre pécheur.

Pour le Mercredi.

O EMMANUEL! défendez-moi contre l'ennemi malin et coutre tous mes ennemis visibles et invisibles, et me délivrez de tout mal. Jésus-Christ Roi est venu en paix: Dieu fait homme, qui a souffert patiemment pour nous. Que Jésus-Christ Roi débonnaire soit toujours au milieu de moi et de mes ennemis pour me défendre, ainsi soit-il. Jésus-Christ triomphe † Jésus-Christ règne † Jésus-Christ commande †. Que Jésus-Christ me délivre de tous maux continuellement, ainsi soit-il. Que Jésus-Christ daigne me faire la grâce de triompher de tous mes adversaires, ainsi soit-il. Voici la Croix de Notre Seigneur Jésus-Christ. Fuyez donc, mes ennemis, à sa vue, le lion de la tribu de Juda a triomphé; race de David, alleluia, alléluia, alléluia, Sauveur du monde, sauvez-moi, et me secourez, vous qui m'avez racheté par votre Croix et votre très-précieux Sang; secourez-moi, je vous en conjure, mon Dieu, ô Agios † Otheos † Agios Ischyros † Agios Athanos † Eleison Himas. Dieu saint, Dieu fort, Dieu miséricordieux et immortel, ayez pitié de moi qui suis votre créature N.; soyez mon soutien, Seigneur, ne m'abandonnez pas; ne rejetez pas mes prières; Dieu de mon salut, soyez toujours à mon aide, Dieu de mon salut.

Pour le Jeudi.

ÉCLAIREZ mes yeux d'une véritable lumière, afin qu'ils ne soient point fermés d'un sommeil éternel, de peur que mon ennemi n'ait lieu de dire que j'ai eu l'avantage sur lui. Tant que le Seigneur sera avec moi, je ne craindrai point la malignité de mes ennemis, O très-doux Jésus, conservez-moi, aidez-moi, sauvez-moi; qu'à la seule citation du nom de Jésus, tout genou fléchisse, tant céleste, terrestre qu'infernal, et que toute langue publie que Notre-Seigneur Jésus-Christ jouit de la gloire de son Père, ainsi soit-il. Je sais, à n'en point douter, qu'aussitôt que j'invoquerai le Seigneur en quelque jour et heure que ce soit, je serai sauvé. Très-doux Seigneur Jésus-Christ, Fils du grand Dieu vivant, qui avez fait de si grands miracles par la seule force de votre très-précieux Nom, et avez enrichi si abondamment les indigents, puisque par sa force les démons fuient, les aveugles voient, les sourds entendent, les boiteux marchaient droits, les muets parlaient, les lépreux nettoyés, les infirmes guéris, les morts ressuscités ; car aussitôt seulement que l'on prononçait ce très-doux nom de Jésus, l'oreille était charmée et ravie, et la bouche remplie de ce qu'il y a de plus agréable : à cette seule prononciation, dis-je, les démons prenaient la fuite, tout genou fléchissait, toutes les tentations même ; les plus mauvaises étaient déracinées ; toutes les infirmités guéries, toutes les disputes et combats qui sont et étaient entre le monde, la chair et le diable étaient dissipés, et on était rempli de tous les biens célestes; parce que quiconque invoquait et invoquera ce saint nom de Dieu était et sera sauvé; ce saint nom prononcé par l'Ange même avant qu'il fût conçu dans le sein de la Sainte Vierge.

Pour le Vendredi.

O DOUX nom! Nom fortifiant le cœur de l'homme, Nom de vie, de salut, de joie; Nom précieux, réjouissant, glorieux et agréable; Nom fortifiant le pécheur; Nom qui sauve, conduit, gouverne et conserve tout qu'il nous plaise donc, très-pieux Jésus, par la force de ce même nom très précieux, éloignez de moi le démon; éclairez-moi, Seigneur, qui suis aveugle; dissipez ma surdité; redressez-moi qui suis boiteux; rendez-moi la parole, moi qui suis muet; guérissez-moi ma lèpre; redonnez-moi la santé, à moi qui suis malade ; et me ressuscitez, moi qui suis mort ; redonnez-moi la vie et m'environnez de toutes parts tant au dedans qu'au dehors, afin qu'étant muni et fortifié de ce saint Nom, je vive toujours dans vous, en vous louant, honorant, parce que tout vous est dû, parce que vous êtes le plus digne de gloire : le Seigneur est le Fils éternel de Dieu, par lequel toutes choses sont dans la joie et sont gouvernées. Louange, honneur et gloire vous soient à jamais rendus dans les siècles des siècles, ainsi soit-il. Que Jésus soit toujours dans mon cœur, dans mes entrailles, ainsi soit-il. Que Notre-Seigneur Jésus-Christ soit toujours au dedans de moi, qu'il me rétablisse, qu'il soit autour de moi, qu'il me conserve, qu'il soit devant moi, qu'il me conduise ; qu'il soit derrière moi, afin qu'il me garde ; qu'il soit au-dessus de moi, afin qu'il me bénisse ; qu'il soit dans moi afin qu'il me vivifie ; qu'il soit auprès de moi, afin qu'il me gouverne ; qu'il soit au-dessus de moi, afin qu'il me fortifie ;

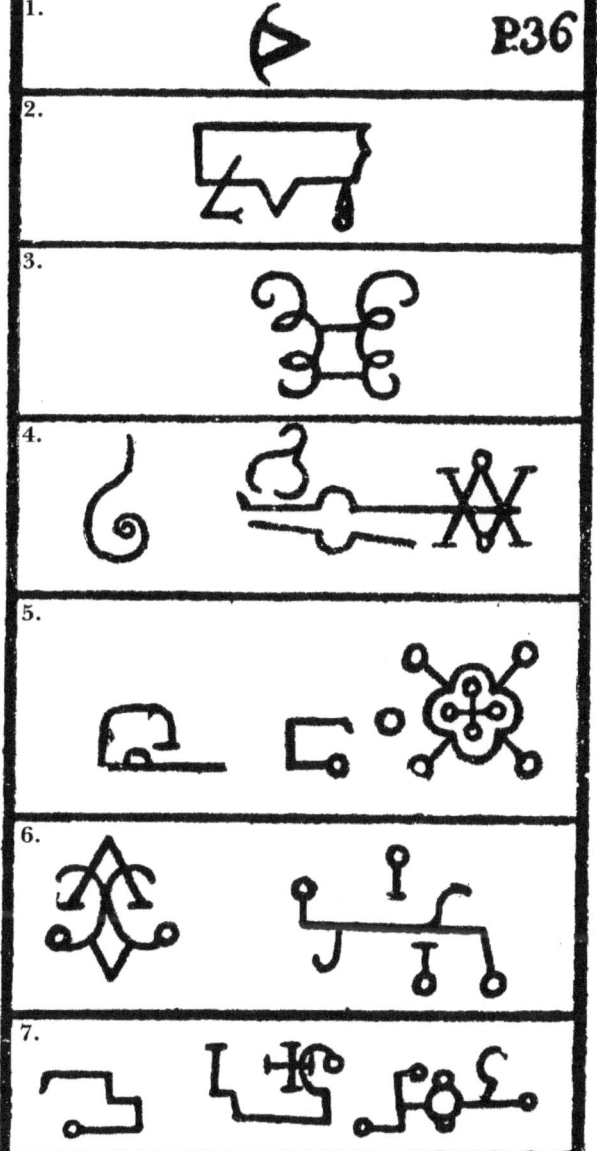

qu'il soit toujours avec moi, afin qu'il me délivre de toutes les peines de la mort éternelle, lui qui vit et règne avec le Père et le Saint-Esprit dans tous les siècles des siècles. Ainsi soit-il.

Pour le Samedi.

Jésus, Fils de Marie, salut du Monde, que le Seigneur me soit favorable, doux et propice, qu'il m'accorde un esprit saint et volontaire pour lui rendre l'honneur et le respect qui lui est dû, lui qui est le libérateur du monde. Personne ne peut mettre la main sur lui, parce que son heure n'était pas encore venue, lui qui est, qui était et sera toujours, a été Dieu et Homme, commencement et fin ; que cette prière que je lui fais me garantisse éternellement contre mes ennemis. Ainsi soit-il. Jésus de Nazareth, Roi des Juifs, titre honorable, Fils de la Vierge Marie, ayez pitié de moi, pauvre pécheur, N. conduisez-moi selon votre douceur dans la voie du salut éternel. Ainsi soit-il. Or, Jésus sachant les choses qui lui devaient arriver, s'avança et leur dit: Que cherchez-vous? Ils lui répondirent: Jésus de Nazareth. Jésus leur dit: C'est moi; or, Judas qui devait le livrer était avec eux; aussitôt qu'il leur eut dit que c'était lui, ils tombèrent à la renverse par terre; or Jésus leur demanda derechef: Que cherchez-vous? Ils lui dirent encore: Jésus de Nazareth. Jésus leur répondit: Je vous ai déjà dit que c'est moi; si c'est moi donc que vous cherchez, laissez aller ceux-ci (parlant de ses disciples). La lance, les clous, la Croix, les épines, la mort que j'ai souffert prouvent que j'ai effacé et expié les crimes des misérables: préservez-moi, Seigneur Jésus-Christ, de toutes plaies, pauvreté et des embûches de mes ennemis, que les cinq plaies de Notre-Seigneur me servent continuellement de remède; Jésus est la voie † Jésus est la vie † Jésus est la vérité † Jésus a souffert † Jésus a été crucifié † Jésus, fils du Dieu vivant, ayez pitié de moi †. Or, Jésus passant allait au milieu d'eux, et personne ne mit sa main meurtrière sur Jésus, parce que son heure n'était point venue.

Oraison mystérieuse.

Je vous conjure tous tant que vous êtes de saints et saintes, martyrs, confesseurs et vierges de Dieu, d'intercéder Notre-Seigneur Jésus-Christ pour moi, pauvre pécheur, qui vit et règne éternellement avec le Saint-Esprit, de me faire jouir de son saint Paradis, ainsi soit-il. Que le Dieu d'Abraham † le Dieu d'Isaac † le Dieu de Jacob † d'Aaron † d'Elie † le Dieu de Noé †; enfin, que ce Dieu, dis-je, soit toujours avec moi, ainsi soit-il. Bienheureux Anges saint Michel, saint Raphaël, Gabriel, l'Archange, Chérubin et Séraphin, tous les saints Anges et les saints Archanges, et généralement que tous les saints viennent à mon secours tous les jours de ma vie éternelle, ainsi soit-il. Amedan † Austos † Taustazo † Barachedio † Memor † Gedita † Eleison † Maton † Igion † Frigam † Fides † Valey † Unis † Regnat † Sadau †

Hagios † Otheos † Sanctus Deus † Hagios † Athanatos † Eleïson † Himas † S. Immortel, ayez pitié de moi, pauvre pécheur, ainsi soit-il. † Bienheureux saint Michel Ange † Raphaël † Uriel † Gabriel † Barachiel † Chérubin † et Séraphin † intercédez pour moi auprès de Dieu ; voici † la Croix de Notre-Seigneur Jésus-Christ. Fuyez donc mes ennemis, le lion de la tribu de Juda a vaincu ; race de David, alleluia. Délivrez-moi, mon Dieu, de mes ennemis et des mains de ceux qui commettent le mal, et de ceux qui veulent tremper leurs mains dans mon sang, ainsi soit-il. O Dieu, faites éclater la gloire de votre Nom, et sauvez-moi, et faites paraître votre puissance, en soutenant la bonté de ma cause. † Vous qui sauvez les Rois, qui avez racheté David votre serviteur, délivrez-moi de l'épée de mes ennemis qui cherchent à me perdre malicieusement. Jésus-Christ vainc † Jésus règne † Jésus-Christ commande † que Jésus-Christ me préserve et me défende de tout mal, ainsi soit-il.

Oraison contre les adversités du monde.

Il brisera l'arc, il rompra les armes et jettera les boucliers au feu. Demeurez-leur, dit-il, en repos, et reconnaissez ma puissance et ma divinité; ma gloire éclatera dans les nations et je serai glorifié dans toute la Terre, ainsi soit-il.

A la Vierge.

Faites-nous ressentir que vous êtes Mère, en faisant agréer nos prières, à celui qui a bien voulu être votre fils pour nous racheter.

P. 42

Oraison très efficace.

La droite du Seigneur a fait voir toute sa force, la droite du Seigneur a montré sa puissance en m'élevant, la droite du Seigneur a marqué quel est son pouvoir ; la vie ne me sera pas ôtée, mais au contraire je vivrai et je raconterai les merveilles du Seigneur. Le Seigneur m'a puni par sa justice, il m'a châtié à cause de mon crime, mais sa bonté m'a délivré de la mort. Ainsi soit-il.

Lorsque mes ennemis se sont approchés pour me perdre et qu'ils se sont jetés sur moi comme des bêtes farouches qui se jettent sur une proie pour la dévorer. En même temps qu'ils faisaient ressentir leur persécution, Dieu leur a fait ressentir leur faiblesse et ils sont tombés dans les pièges qu'ils avaient dressés pour me perdre.

Oraison de grande vertu.

O THEOS, Dieu, faites éclater la gloire de votre nom et sauvez-moi. Agios, aussitôt que je vous ai confessé mon crime et que je n'ai plus tenu mes offenses secrètes. S. S. S. ouvrez-moi l'esprit et m'apprenez à vous adorer, glorifier et vous élever mes louanges. Otheos, Eleison : que ceux qui m'outragent sentent l'effet de votre justice, Seigneur tout puissant : anéantissez, Seigneur, ceux qui s'avancent pour m'attaquer : Messias, Soter, Emmanuel, qui signifie Dieu avec nous, revêtez-vous de vos armes, prenez votre bouclier et me sauvez : Jésus, levez-vous pour me secourir ; pain, fleur, lumière, louange, lance, esprit, porte, pierre, rocher, Athanatos, tirez l'épée en ma faveur ; Ischyros, décidez de la perte de ceux qui me persécutent ; Jésus mon Sauveur, faites qu'ils ne puissent se défendre, soutenez mon âme et assurez-moi que vous voulez la sauver. Vrai Panton, Pantastron, Craton, Sabahot, ne m'abandonnez pas à la fureur de mes ennemis et sauvez-moi de ceux qui s'élèvent de tous côtés dans le dessein de me perdre. Mon Seigneur, laissez-vous fléchir à mes prières, venez et me délivrez de ceux qui m'affligent et me calomnient : considérez, mon Dieu, les maux que je souffre justement pour mes péchés ; daignez me purifier de mes péchés ; hâtez-vous, et me purifiez tellement avec votre grâce qu'elle éteigne en moi l'esprit de la fornication, et qu'elle m'enflamme continuellement à faire le bien, ce que je vous supplie de m'accorder par la force et vertu de Dieu le Père ; de Dieu le Fils et de Dieu le Saint-Esprit, qui êtes éternels et sans fin. Régnez dans les siècles des siècles, ainsi soit-il. Il faut dire *Pater* et *Ave* tout entier.

Oraison.

Le Seigneur est clément et miséricordieux, il attend longtemps les pécheurs à pénitence et ses bontés sont infinies; il est grand, aussi terrible: je vous fais un aveu sincère de mes fautes; je vous découvre mes plaies; je conjure votre ineffable bonté de vouloir bien oublier mes péchés et les misères que j'ai commises contre vous, puisque vous avez bien voulu dire vous-même que vous ne vouliez pas la mort du pécheur, mais plutôt qu'il se convertisse et qu'il vive, ainsi soit-il. Je l'avoue, j'ai péché, j'ai même péché en votre présence; ma vie n'est qu'un tissu de péchés et de misères; en un mot, mon âme est comme noyée et éteinte dans le grand nombre d'iniquités; savoir, l'orgueil, la paresse, l'avarice, la luxure, la colère, l'impatience, la malice, l'envie, la gourmandise, l'ivresse, les mauvais désirs, le vol, le parjure, les paroles libres, les impertinences, l'ignorance, la négligence et une infinité d'autres péchés qui ont donné la mort à mon âme; mon cœur est corrompu et infecté, mes lèvres, ma vue, mon ouïe, mon goût, mon odorat et mon tact ou toucher de toutes façons, par paroles, pensées et actions; cependant, je n'appréhende rien, lorsque j'ai le bonheur d'être en votre divine présence. Je vous supplie très instamment, ô mon Dieu, dont la compassion n'a point de bornes, délivrez-moi de mes infirmités misérables et me pardonnez de la même façon que vous avez pardonné à la femme pécheresse: permettez-moi, Seigneur, de vous donner le baiser de paix, comme vous lui avez permis de baiser continuellement vos sacrés pieds, de les arroser de ses larmes, de les essuyer de ses cheveux. Faites-moi la grâce de m'accorder un amour aussi étendu pour vous, que le nombre de mes péchés contre votre divine Majesté a été grand, afin qu'en faveur de votre infinie miséricorde vous me les pardonniez tous ; daignez aussi m'accorder le pardon de mes anciennes fautes et la grâce de n'en plus commettre à l'avenir ; accordez-moi aussi celle d'obtenir entièrement votre divine miséricorde avant que je meure, et ne permettez pas que j'expire ou finisse mes jours, que vous ne m'ayez accordé le pardon général de mes péchés. Mais comme je suis un misérable pécheur et que vous avez la bonté de me pardonner, je vous rends une infinité de louanges et de remerciements, ô mon Dieu, qui, par votre infinie miséricorde, m'avez fait à votre image et ressemblance et avez daigné (en me régénérant par les sacrées eaux du baptême) m'adopter et me mettre au nombre de vos chers enfants. Je vous rends derechef une infinité de louanges et d'actions de grâces de m'avoir conservé la vie depuis mon enfance jusqu'à ce moment ; vous avez encore la bonté d'attendre à la vérité par un effet de votre infinie miséricorde que je revienne à résipiscence et que je quitte ce nombre infini de péchés que j'ai commis contre votre divine majesté: mes expressions sont trop faibles pour vous rendre, ô mon Dieu, les louanges et la gloire que vous méritez pour un si signalé bienfait qui, par votre bonté excessive, m'avez très souvent délivré de mes fréquentes tribulations, situations fâcheuses, calamités et misères où je me suis trouvé, qui m'avez jusqu'à présent préservé des supplices éternels, aussi bien que des tourments du corps. Je vous réitère mes très humbles actions de louanges et de gloire, vous qui, par votre pure bonté, avez bien voulu m'accorder la santé du corps, la tranquillité de la vie, les bons mouvements et enfin la charité; en un mot, si je les possède, j'en suis redevable à votre infinie miséricorde: accordez-moi, s'il vous plaît, mon Dieu, le don inestimable de votre douceur et augmentez en moi le bien que vous avez eu la bonté de m'accorder et bannir de moi tout ce qui vous y déplaît; nettoyez-moi et me délivrez de mes tribulations, et généralement de tous les différents maux qui m'environnent, et veuillez régler selon votre sainte volonté mes pensées, paroles et mes actions et me rendre toujours joyeux et heureux, même au milieu de mes adversités et que vous conformiez en tout temps mes désirs à votre sainte volonté, vous qui vivez et régnez éternellement. Ainsi soit-il.

Pour la fragilité humaine.

Dieu saint † fort † et immortel et miséricordieux † mon Sauveur, ne permettez pas que nous soyons exposés à une mort † fâcheuse et cruelle ; souvenez-vous de cette société qui vous appartient de toute éternité.

Oraison.

O Dieu, qui connaissez que nous sommes exposés à tant de périls et de dangers, et que nous ne pouvons subsister à cause de notre fragilité humaine, accordez-nous, s'il vous plaît, le salut de l'âme et du corps, délivrez-nous-en par votre secours, nous que vous punissez justement à cause de nos péchés; nous vous en conjurons par Notre-Seigneur Jésus-Christ. Ainsi soit-il.

Oraison contre ses ennemis.

Or, Jésus, passant au milieu d'eux, allait: que le Seigneur soit béni de jour en jour, et comme il est notre Sauveur, il nous conduira heureusement dans la voie qu'il nous a marquée †; or, Jésus, que les ténèbres les aveuglent, sans qu'ils puissent avoir l'usage des yeux, et que, pour marque de leur indignité, ils soient toujours courbés vers la Terre †; or, Jésus, répandez sur eux les effets de votre indignation et que votre juste colère leur donne des alarmes continuelles †: que l'horreur et l'épouvante abattent leur courage dans la seule idée de votre force. Faites, Seigneur, qu'ils deviennent immobiles comme des pierres jusqu'à ce que moi, N., qui suis votre créature que vous avez rachetée de votre précieux sang, soit passée †. Seigneur, la force de votre bras s'est merveilleusement signalée; il exterminera par sa force un puissant ennemi, en abaissant l'orgueil des impies qui se soulèvent contre moi. † Délivrez-moi, Jésus, et sauvez-moi de ceux qui s'élèvent de tous côtés dans le dessein de me perdre. † Seigneur Jésus, gardez-moi de la main de ces méchants et arrachez-moi de celles de ces hommes injustes, † Délivrez-moi, Jésus, des mains de ceux qui commettent le mal; sauvez-moi

p. 52

et me défendez de ceux qui cherchent à répandre mon sang. † Gloire soit au Père ; au Fils, au Saint-Esprit, aujourd'hui et toujours, dans tous les siècles des siècles, comme elle l'était dès le commencement et dans toute l'éternité. Ainsi soit-il.

Oraison.

O Seigneur Jésus-Christ, fils du grand Dieu vivant, qui avez dit à l'heure de votre très sacrée passion à ceux qui vous cherchaient qui cherchez-vous? A ces paroles, ils furent renversés et tombèrent par terre; daignez, je vous en supplie, me délivrer, de la même façon, de mes ennemis et de leurs mauvais desseins, en leur disant: laissez aller sain et sauf N., celui-ci qui est ma créature, et qu'ils ne me puissent faire aucun mal en aucun temps, ni maintenant, ni à l'avenir: vous qui vivez et régnez avec Dieu le Père dans l'unité du Saint-Esprit. Ainsi soit-il.

Oraison très utile à ceux qui voyagent.

O GLA † Pentagrammaton † On † Athanatos † Anasareon † On † Pentareon † porte † Croix † Agratam, † troupeau † lumière † Teta tustus † de l'homme † Tomon † Tetragrammaton † Jésus † Dieu † Seigneur de toutes choses † miséricordieux † Très-Haut † mon Seigneur, délivrez-moi N. qui suis votre créature, délivrez-moi, dis-je, par tous ces saints noms, qui ai recours à vous, vous mon Dieu qui êtes partout, souvenez-vous. Seigneur, de toutes vos bontés, et me délivrez des embûches de mes ennemis, tant visibles qu'invisibles, je vous le demande, Seigneur, par la force et vertu de cette sainte Croix, † et par les mérites de tous vos saints. Or, Jésus, passant au milieu d'eux, allait. † Jésus-Christ, fils du grand Dieu vivant, † ayez pitié de moi.

*Admirable Oraison à la Croix
du Sauveur.*

† Croix de Jésus-Christ, sauvez-moi. † Croix de Jésus-Christ, protégez-moi. † Croix de Jésus-Christ, préservez-moi de tout mal, que ceux qui m'outragent sentent l'effet de votre justice. † Dieu tout-puissant, anéantissez ceux qui s'avancent pour m'attaquer. † Dieu Messie, † Dieu des armées † Sother † Emmanuel, revêtez-vous de vos armes et prenez votre bouclier. Dieu des armées, Notre-Seigneur Jésus-Christ, tirez-moi de la boue, afin que je ne périsse pas. † Dieu saint, délivrez-moi de la haine de mes ennemis. † Eli, délivrez-moi de la profondeur des eaux qui m'environnent. † O notre salut, faites que je ne descende pas dans l'abîme de la mer. † O Athanatos, que je ne ressente pas la violence du feu. † O notre ressource,

ne permettez pas que l'infection du puits infernal m'infecte la bouche ni l'odorat, † mais vous, mon libérateur, ouvrez-moi la bouche et exterminez mes ennemis. † O Athanatos, dites à mon âme que vous voulez la sauver. † Tetragrammaton, ne m'abandonnez pas à la fureur de mes ennemis. † Adonay, sauvez-moi de ceux qui s'élèvent de tous côtés pour me perdre. † Jésus, Sauveur du monde, sauvez-moi, † pain vivant, fleur immuable, † force et porte du Paradis. † Que la bénédiction de la sainte Vierge Marie soit toujours sur moi avec son Fils, † que la bénédiction de Notre-Seigneur Jésus-Christ et saints apôtres soit sur moi, † et que la bénédiction du Saint-Esprit soit sur moi, † que la bénédiction de Dieu le père tout-puissant soit sur moi avec ses saints Anges et ses saints. † Que la bénédiction de la Sainte Trinité, le Père, le Fils et le Saint-Esprit, soit sur moi. † Que la bénédiction de sainte Catherine du mont Sinaï soit sur moi, † que la bénédiction de tous les saints Anges, Archanges, patriarches, prophètes, apôtres, évangélistes, martyrs, toutes les vierges, moines et pontifes soit sur moi.

Oraison à la Sainte Vierge.

JE vous salue, Vierge glorieuse, Etoile plus brillante que le Soleil, plus vermeille que la Rose nouvelle, plus blanche que le lis, plus élevée dans le Ciel qu'aucun saint, toute la, Terre vous révère, acceptez mes hommages et me secourez de votre divine assistance. Ainsi soit-il. *Pater* et *Ave* en entier.

Exhortant envers Jésus-Christ.

Hagios, Seigneur invisible, délivrez-moi, je vous supplie humblement, de la mort, je vous en conjure par votre Nom; Oston, daignez me secourir, pauvre pécheur qui n'a recours qu'en vous, † Tetragrammaton, vous êtes le Roi des rois, Dieu le Père, le Seigneur des seigneurs, et c'est en vous seul que je mets mon assurance, vous qui gouvernez et réglez les choses du Ciel et de la Terre; je vous conjure d'avoir compassion et pitié de moi, qui suis pécheur, je vous en supplie derechef, moi N. de me délivrer de tous mes ennemis, Seigneur, que Geban, Suth et Sutan en aient aussi pitié, au nom du Père † et du Fils † et du Saint-Esprit. Ainsi soit-il. Le premier nom de Dieu est Oston, le second Orthon. Et quand Dieu a dit que la lumière soit faite, elle l'a été sur-le-champ: le troisième est Lophias † au

nom du Seigneur, et de l'indivisible Trinité
†, Antaciton † Ituriensis grin Adonay, sauvez-moi, Chèdes et Ei, et Dotheos Adonay.
Ainsi soit-il.

*Délivrez-moi, Seigneur, Tau par
le signe,* †

Au nom du Père, et du Fils, et du Saint-Esprit. Ainsi soit-il. Au nom de la très-sainte et individue Trinité. Ainsi soit-il. † Je vous conjure toutes sortes d'armes qu'il puisse y avoir, couteaux, épées, flèches, outils qui coupez par les deux bouts, lances, clous, et toutes autres armes même de métal, par le Père, le Fils et le Saint-Esprit, que vous ne me puissiez nullement blesser, N. ni répandre mon sang, jusqu'à ce que je vous aie commandé expressément par trois fois de vous servir des choses qui coupent, scient et peuvent répandre le sang, pendant que je les tiendrai en

p.60

ma main : or, si toutes les armes de mes adversaires leur pouvaient servir pour me blesser, je vous supplie instamment de les fondre par votre vertu comme la cire, † je vous conjure derechef quelques sortes d'armes que vous soyez, par la lance de fer dont me servit le soldat Longin, pour ouvrir le côté de Notre-Seigneur Jésus-Christ, d'où il sortit du sang et de l'eau, de ne me pouvoir blesser ni nuire, ni à répandre mon sang. N. † Je vous conjure derechef par la colonne où Notre-Seigneur Jésus-Christ fut attaché et conduit devant le Juge, de ne me point blesser, ni verser mon sang. † Je vous conjure derechef, par les trois clous qui percèrent les pieds et les mains de Notre-Seigneur Jésus-Christ, de ne me point blesser, ni me marquer aucunement au sang. † Je vous conjure derechef, quelques armes que vous soyez, par le gril de fer sur lequel saint Laurent, martyr, fut grillé, de ne me point nuire, blesser, ni verser mon sang. † Je vous conjure encore quelques espèces d'armes que vous soyez, par l'épée avec laquelle saint Paul fut décapité, de ne me point blesser, ni répandre mon sang. † Je vous conjure aussi, par le lien de fer avec lequel sainte Agnès fut détenue pendant deux ans et tourmentée, que vous ne me puissiez blesser ni répandre mon sang. † Je vous conjure encore toutes sortes d'armes par l'instrument de fer où fut suspendue la bienheureuse Agathe, de ne me point blesser ni répandre mon sang. Je vous conjure derechef toutes armes, épées, couteaux, outils qui coupez par deux bouts, et généralement toutes sortes d'armes, par les soixante et douze noms de Dieu à nous connus, et par ce Dieu immuable qui gouverne le Ciel et la Terre, et généralement toutes choses y contenues, rendez-lui éternellement gloire. † Je vous en conjure aussi par le saint nom de Dieu Fimandolum, par la force duquel Josué vainquit douze rois. † Je vous en conjure aussi par le saint nom de Dieu Tetragrammaton. † Jot † Set † Neor † Nain † He, † je vous en conjure par toutes les joies et douleurs de la bienheureuse Marie toujours Vierge. † Je vous en conjure aussi par tous les apôtres, évangélistes, martyrs, et par les vingt-quatre vieillards, par tous les docteurs, confesseurs, moines et hermites, par toutes les vierges et veuves, par tous les saints et saintes de Dieu, par le très saint jurement de Notre-Seigneur Jésus-Christ, par ses vraies et sacrées paroles par lesquelles personnes même n'a la puissance ni le pouvoir d'offenser, de blesser, ni même de répandre le sang, † car moi-même passant au milieu d'eux, dirai : voici † la Croix du Seigneur ; disparaissez donc, mes ennemis, et prenez la fuite, le lion de la tribu de Juda a vaincu la race de David, † délivrez-nous, Seigneur, de vos ennemis, par la vertu du signe de la Croix, † Croix précieuse, je vous conjure de me recevoir, et préserver de mes ennemis par celui qui a été attachée sur vous, esprit de sagesse et d'entendement, † esprit de conseil et de force, † esprit de science † et de piété, † esprit de crainte de Notre-Seigneur, défendez-moi et me protégez de toutes armes, et même de leurs blessures, de la blessure de toutes épées, lances, trait, flèche, et généralement de la blessure de toutes armes, telle qu'elle soit, je vous conjure de m'en préserver, moi qui suis votre créature N. † sauvez-moi, † bénissez-moi, † sanctifiez-moi, † et me garantissez de toutes blessures par le signe † de votre sainte Croix, † je vous en conjure par vos cinq plaies, † Hély, † Eloy, † Het, † Clavis, † Egon, † Eth, † Huc, † Proth, ℞ † Ceretas, † A † Feros, † Homo, † le Roi de gloire vient en paix, † le Verbe a été fait chair (et il a habité parmi nous : et nous avons vu la gloire de Dieu, comme Fils unique du Père), il était plein de grâce et de vérité.

P.65

ADONAY JOB
MAGISTER
DICIT XCI

Oraison pour rendre une Femme fidèle
Adonay, Jod. Magister dicit Jo.

O BON Jésus! exaucez-moi, Emmanuel, Emmanuel, Sathor, Jessé adorable Tetragrammaton, Héli, Héli, Héli, Læbe Hey Hamy, ceci est mon corps, Tetragrammaton, venez à mon aide maintenant et en tout temps, † Jésus est victorieux, † Jésus règne, † Jésus commande, ℟ que Jésus-Christ me préserve de tout malheur et me conduise éternellement à une bonne fortune. Ainsi soit-il. Vous ne lui ferez aucune fracture, ni les flèches qu'on tire pendant le jour; ni les embûches qu'on dresse pendant les ténèbres, ni les attaques du Démon qui combat en plein midi, mille combattants tomberont à vos côtés, et dix mille à votre droite, mais nul n'approchera de vous, et que mes ennemis soient confondus, mais ne permettez pas, Seigneur, que je le sois : qu'ils sèchent de crainte, mais non pas moi : faites-leur ressentir, ô mon Dieu, vos vengeances, et les faites repentir doublement. † Or, Jésus passant au milieu d'eux, allait : et moi je passerai au milieu d'eux soutenu du grand nom Adonay ; †, or, Jésus passant au milieu d'eux, allait sans qu'aucun d'eux le vit, mon Dieu, je vous conjure de me faire aujourd'hui et même pendant que je vivrai, de passer au milieu de mes ennemis sans aucun danger, tant pour mon âme que pour mon corps. † Si c'est donc moi que vous cherchez, laissez aller ceux-ci † comme Notre-Seigneur Jésus-Christ a dit lui-même ces paroles de sa propre bouche, qu'il daigne aussi me délivrer et défendre de mes ennemis. † Défendezleur, Seigneur, de me faire aucune fracture, ni aucun mal, fuyez donc, mes ennemis et disparaissez † au nom du Père, au nom du Fils † et du Saint-Esprit, † Alpha et Oméga, ayez pitié de moi, fermez la bouche et le cœur de mes ennemis, qu'aucun homme ni femme ni aucune langue fourbe ni envenimée n'ait le dessus de moi, ni que j'en ressente aucuns traits. O Dieu, sauvez-moi N. qui suis votre serviteur qui espère en vous, et ce en l'honneur de votre nom, et me délivrez de tout péril et danger. Ainsi soit-il. ††† ††. Que l'horreur et l'épouvante abattent leur courage dans la seule idée de votre force, faites, Seigneur, qu'ils deviennent immobiles comme des pierres jusqu'à ce que votre créature dont vous êtes, Seigneur, le maître et le protecteur, soit passée; Seigneur, je recommande mon esprit entre vos mains, † si vous me cherchez donc, laissez aller ceux-ci. †††. Mais vous vous servirez, Seigneur, des peines et des afflictions, comme d'un mors et d'une bride, pour ramener à vous ceux qui se conduisent en bêtes, et qui s'éloignent de vous. Saint Michel, saint Gabriel, saint Raphaël, défendez-moi et soutenez dans le combat que j'ai à soutenir contre mes ennemis, et me délivrez de tout péril. Ainsi soit-il. Délivrez-moi, mon Dieu, de tous mes ennemis visibles et invisibles, ne m'abandonnez pas, Seigneur, moi qui suis votre créature. Sainte et bénie Marie Vierge, délivrez-moi des embûches de mes ennemis. Je vous salue, Marie pleine de grâce, † mon Seigneur Jésus-Christ qui avez délivré votre apôtre saint Pierre des prisons, saint Paul de Damas, saint Jean l'évangéliste de l'huile bouillante, daignez aussi, Seigneur, me délivrer et préserver de toute captivité.

Très Sainte Vierge Marie, délivrez-moi des tourments et de prison par votre sein virginal, pur et sans tache, et par votre sainte salutation, que votre créature N. soit bénie et délivrée de tout péril et de la captivité. † Agla, † Lacta, † Sancta et El, † Ischyros, † Heloy, † Ceophobus, † Sabaoth, † Heleyon, † Ja, † Tetragrammaton, † Ely, † Adonay, † Sadai, † Fiat, † Fiat, † Fiat, que les ténèbres les aveuglent sans qu'ils puissent avoir l'usage des yeux, et que, pour marque de leur indignité, ils soient toujours courbés vers la terre. Quand vous me verrez accablé par l'excès de l'affliction et en danger de perdre la vie, je ne craindrai pas même tous ces dangers, parce que vous êtes là, Seigneur, pour m'en délivrer, et que vous prendrez mon parti. Si c'est moi que vous cherchez, laissez aller ceux-ci, recevez-moi, s'il vous plaît, favorablement,

Seigneur, et que mes, ennemis soient confondus parce que vous êtes mon protecteur et ma consolation. Honneur à Dieu le Père qui de sa bonté veut bien m'en délivrer : † et que j'ai mis toute ma consolation dans l'espérance de vôtre secours et de votre protection : † dans Jésus-Christ par sa miséricorde divine, † que la paix de Notre-Seigneur Jésus-Christ soit toujours avec moi, avec la vénération qu'il a pour son père. Ainsi soit-il. † Car ceci est mon corps †† qu'ils l'aiment. Ainsi soit-il. † Voici la Croix du Seigneur, disparaissez et fuyez, démons et malins esprits mes ennemis, le lion de la tribu de Juda a remporté la victoire, race de David. Alleluia, Alleluia, Alleluia. Délivrez-moi, mon Dieu, par ce signe de † de mes ennemis et de tout mal. † Croix de Jésus-Christ, aidez-moi, Croix de Jésus-Christ, secourez-moi, † Croix de Jésus-

Christ, sauvez-moi † Croix de Jésus-Christ, défendez-moi contre tous mes ennemis et de tout péril et danger. Hagios, † O Theos, † Hagios, † Ischyros, † Ragios, † Athanatos † Eleïson † Himas †† Jésus de Nazareth, Roi des Juifs, faites éclater la gloire de votre Nom. Ainsi soit-il.

Louange éternelle à Dieu.

JE me présente à vous, mes ennemis, muni de la grâce de Dieu, son amour, avec l'humilité de Jésus-Christ qui est Dieu, avec la force et la parole du Saint-Esprit qui est aussi Dieu, avec l'étendard glorieux de la Croix, accompagné de la glorieuse Vierge Marie, la pureté d'Abel, le secours de Noé, la foi d'Abraham, l'obéissance d'Isaac, l'innocence de Jacob, la patience de Job, la douceur de Moïse, la sainteté d'Aaron, la sagesse de Salomon, la victoire de Josué, la justice de David, la force de Samson, la puissance de Pierre, l'assurance de Paul, la chasteté de Jean, la parole de Matthieu, la contrition de Grégoire, la prière de Clément, la splendeur de la Lune, la clarté du Soleil, et la latitude du Ciel, la longitude de la Terre, la profondeur de la Mer, le cours du fleuve du Jourdain, la gloire de la Sainte Jérusalem, les secours de tous les saints et celui de Notre-Seigneur Jésus-Christ, par lequel toutes choses ont été faites : que ce même Fils de Dieu, qui est issu de la bienheureuse Vierge Marie, éclaire mon esprit de lumière de la gloire, qu'il change l'inimitié de mes ennemis en amour ; que leur mauvaise volonté, leurs desseins pervers et leurs projets pernicieux soient anéantis par sa douceur, et qu'en vertu de tous les saints noms dont nous avons parlé ci-dessus, et celui du grand Dieu tout-puissant, tous leurs efforts soient inutiles et sans effet, que ce même Dieu qui a été né de la bienheureuse Vierge Marie change en bien et pour mon avantage toutes vos mauvaises pensées et diaboliques. Ainsi soit-il. Ainsi soit-il. Ainsi soit-il. Que J.-C. vrai Dieu, rempli de tendresse et de compassion pour les hommes, dont il est le juge des vivants et des morts ; que les saints noms de Dieu tout-puissant me servent de très puissant bouclier et casque contre les traits envenimés de mes ennemis, afin qu'ils ne puissent aucunement nuire à moi N. qui suis la créature de Dieu; qu'ils soient rendus fusibles à mon approche comme la cire par la chaleur du feu. Ainsi soit-il. † Jésus-Christ est victorieux, † Jésus-Christ règne, † Jésus-Christ commande, † que Jésus-Christ me délivre et me préserve de toutes adversités, et même de la mort, moi qui suis sa créature. Ainsi soit-il. † Jésus-Christ Roi vient en paix, et Dieu fait homme; or, Jésus passant au milieu d'eux allait † tout est consommé, † qui cherchez-vous † c'est moi; † si c'est moi donc que vous cherchez, laissez aller ceux-ci; † or, Jésus passant au milieu d'eux allait † tout est consommé : † et baissant la tête, il rendit l'esprit. Louanges soient rendues à Dieu et à la bienheureuse Vierge Marie, Dieu vous détruira, † il vous enlèvera, † il vous arrachera de votre demeure, il vous déracinera de la terre des vivants pour châtier votre malignité. Au nom du Père, † et du Fils, † et du Saint-Esprit, † Ainsi soit-il.

Qu'au seul nom de Jésus, tout genou fléchisse, céleste, terrestre, et même infernal, et que toute langue publie hautement que Notre-Seigneur Jésus-Christ est à la droite de Dieu, le Père jouissant de sa gloire : or, il nous faut donc glorifier dans la Croix de Notre-Seigneur Jésus-Christ dans laquelle se trouve notre salut, notre vie, notre résurrection spirituelle, par lequel Jésus-Christ nous a tous sauvés ; que Dieu répande sur nous les effets tout-puissants de sa bonté, et qu'il nous comble de ses bénédictions ; qu'il fasse briller sur nous la lumière de son visage, et qu'il nous secoure par sa miséricorde.

La présente figure, prise quarante fois en longueur, donne la hauteur de Jésus-Christ.

Elle fut trouvée à Constantinople dans une croix d'or; quiconque la portera sur soi ne peut avoir de meilleure protection, il ne pourra mourir de mort subite, ni par feu, ni par eau, ni par flèches, ni par tempêtes, ni par tonnerres, ni par venin; ni de mauvais esprits, ni par faux jugements, ni faux témoins. De plus, si une femme enceinte la porte sur soi, invoquant la grâce de Notre-Seigneur Jésus-Christ, n'aura aucun péril ni danger en son accouchement.

P. 76

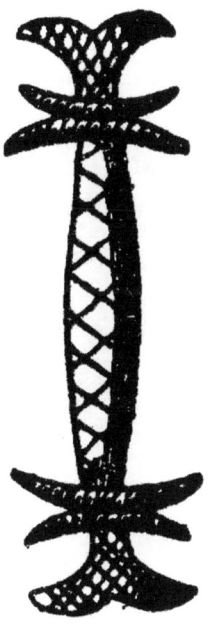

Exemplaire de la lettre d'Abagare, Roi d'Edesse, écrite et envoyée à Jésus-Christ en Jérusalem par le courrier Ananas.

Abagare, Fils de Thopathée, Roi d'Edesse, à Jésus notre Sauveur, qui s'est fait voir en Jérusalem : salut.

J'ai entendu parler ici de votre renommée, et des grandes merveilles que vous opérez, et guérisons que vous faites, sans le secours des remèdes et herbes salutaires, que votre parole seule suffit pour rendre la vue aux aveugles, pour faire marcher les boiteux, nettoyer les lépreux et chasser les esprits immondes, que vous rendez la santé à ceux qui sont éloignés de vous, que vous ressuscitez même les morts ; le bruit de telles actions m'a persuadé, ou que vous êtes un Dieu descendu du Ciel, ou que vous êtes le Fils de Dieu, de faire de si grandes choses, ce qui m'a engagé à vous écrire pour vous prier de vouloir bien vous transporter jusque dans mon pays, et me rendre la santé qu'une longue maladie m'a enlevée ; j'ai appris que les Juifs sont irrités contre vous et qu'ils vous dressent des embûches ; venez vers moi, ma ville est peu considérable, mais elle est bien munie, et assez forte pour vous conserver, et moi, je vous salue et me recommande à vous.

Paroles qu'il faut dire avant que de faire le Pentacle, dont on voit la figure.

D<small>ONNEZ-MOI</small>, Seigneur, la force contre mes ennemis, exaucez ma prière, et que mes cris s'élèvent jusqu'à vous.

P. 78

Les paroles qui sont dans le cercle du Pentacle signifient en français, dans ce signe : tu convaincras : il faut maintenant exorciser et parfumer ledit Pantacle, puis écrire l'Oraison qui suit :

Réponse de Jésus-Christ avec une Oraison de vertus admirables.

Vous êtes bienheureux, Roi Abagare, d'avoir cru en moi, quoique vous ne m'ayez pas vu, car plusieurs m'ont vu, et n'ont pas cru en moi : quant à ce que vous m'écrivez d'aller vers vous, il faut que j'accomplisse ici toutes les choses pour lesquelles je suis envoyé ; après que je les aurai achevées, je vous enverrai un de mes disciples nommé Thadée, afin qu'il guérisse votre maladie, et qu'il donne la vie à vous, et à tous ceux qui sont avec vous ; c'est pourquoi je vous envoie cette lettre écrite de ma main, afin que partout où vous vous trouverez, soit chez vous, soit sur mer, sur fleuve ou dans le combat contre les païens, ou les chrétiens, on en quelque lieu que ce soit, vos ennemis ou adversaires n'auront aucune domination sur vous, et vous n'aurez rien à craindre des embûches du démon ; les esprits immondes, la foudre, le tonnerre ne pourront vous nuire si vous portez avec dévotion cette prière : Je vous aime, ô Abagare, et je vous promets mon salut : que ma paix soit toujours avec vous.

Abagare ayant reçu cette lettre, la lut et, les larmes aux yeux, il s'écria : O Jésus-Christ, Fils du Dieu vivant! Dieu tout-puissant, plein de miséricorde, soyez-moi propice en toutes choses, au nom de la très sainte et très individue Trinité, le Père, le Fils et le Saint-Esprit ; je vous conjure (toutes armes, quelques vous puissiez être) par le Père, le Fils et le Saint-Esprit ; je vous conjure, bâtons, couteaux, lances, épées, poignards, flèches, massues, cordes et toutes autres sortes d'armes, par les soixante et douze noms de Dieu, par sa vertu infinie et sa suprême puissance ; je vous conjure par la lance avec qui le soldat Longin perça le côté de Jésus d'où il sortit du sang et de l'eau, par les autres noms sacrés de Dieu, † Joth, † Hoet, † Vari, † Hei, † à ce que vous ne me blessiez point moi N. N. qui suis le serviteur de Dieu, et ne versiez point mon sang : je vous conjure, toutes sortes d'armes, par la vertu des saints noms de Dieu, † Hel, † Ya, † Hye, † Yae, Va, † Adonay, † Cados, † Oborel, † Eloym, † Agla, † Agiel, † Azel, † Sadon, † Esul, † Heloy, † Heloyn, † Delis, † Yeui, † Yacer, † Del, † Yosi, † Helim, † Rasaël, † Rasaël † Paliel, † Mamiel, Oncha, † Dilaton, † Xaday, † Alma, † Pavix, † Alim, † Catival, † Utauzaraf, † Zalfi, † Eala, † Carsaly, † Faffua, † Hictimi, † Sed, † Der, † Agla, † Aglaia, † Pamiel et Pannion, † Oniel, † On, † Homon, † Oreon, † Lestram, † Panteon, † Bamboy, † Ya, † Emmanuel, † Yoth, † Lucaf, † On, †

Via, † Calip, † Lon, † Israël, † Miel, † Cyel, † Pyeel, † Patriteron, † Fafaron, † Leuyon, Yael, † à ce que vous ne puissiez me blesser moi N. qui suis le serviteur de Dieu, ni verser mon sang : il est dit, vous ne lui briserez point les os, la droite du Seigneur a fait vertu, la droite m'a exalté ; je ne mourrai, mais je vivrai et raconterai les merveilles du Seigneur : le Seigneur m'a châtié, mais il ne m'a point livré à la mort ; louanges et grâces lui en soient rendues. Ainsi soit-il.

Le grand saint Léon, Pape, écrit à Charles, Roi de France, disant : Quiconque portera sur soi ces saints noms, il ne pourra être endommagé de son ennemi mortel, et faut noter qu'en ceci est contenu le nom de Christ, qui est Agla, qui sert pour être ferré à glace contre les adversités, lequel étant vu, dit-on, porté chaque jour, il ne pourra mourir de mal de mort.

Au nom du Père, † et du Fils † et du Saint-Esprit. Ainsi soit-il. Levez-vous, Trinité et unité, indivisible † un Dieu Messie † Sother † Emmanuel † Sabaoth † Adonay, † Coteraton † Ysion † Son † Lon † Con † Son † Osiam † Salut † Vie † Vérité † Ve † Sagesse † je suis † ce que je suis † c'est moi qui est l'Agneau † la Brebis † le Veau † le Serpent † le Bélier † le Lion † le Vert † le soleil Agla † l'Image † le pain † la Vie † la Fleur † la Montagne † la Porte † la Fontaine † le

Caillou † la Pierre † l'Angle † le Pasteur † le Prophète † le Prêtre † le Saint † l'Immortel † le grand Roi † je suis le premier † et le second Lion † la troisième Fleur † quatrième Obise † cinquième Terre † sixième Premax † septième Sagai † huitième Bethléem † neuvième Tetragrammaton † dixième Seloy † onzième Eloy † Satos † Ecaton † Himas — Eleïson † Sauveur † Alpha † ou premier † et Oméga dernier † le premier Né † le Commencement † le Consolateur † le Médiateur † Verbe † Yschyros † la Gloire † la Lumière † le Monde † l'Angulaire † le Saint † l'Immortel † Jésus le Père † Fils tout-puissant † Saint-Esprit miséricordieux † la Blancheur ou Pureté éternelle † le Créateur † le Rédempteur † l'Angle du grand conseil † Trin † un Dieu † Saint, Saint, Saint, le Seigneur des Seigneurs, † le Dieu des Dieux † Dieu ineffable † incompréhensible † juste Juge † et toujours dans les combats, dans la Mer, ou dans l'eau, Gedebelone, S. E. Q. P. et toujours dans le chemin dans la guerre : Roi des Juifs, ayez pitié de nous : Alleluia. Je vous supplie, ô mon Seigneur Dieu, Très Saint par tous vos saints noms, et vous conjure même de vouloir bien exaucer ma prière toute faible qu'elle est, de vouloir bien me préserver de tout péril, de contrariétés et pièges du Démon, afin de m'en délivrer, non seulement à présent, mais même toujours. Dieu d'Abraham, Dieu d'Isaac, Dieu de Jacob, Dieu des Anges, Dieu des apôtres, Dieu des martyrs, Dieu de tous les saints et saintes et élus de Dieu, veuillez intercéder Dieu pour moi N. Dieu, dis-je, si bon, si doux, si débonnaire, si humble de cœur, qui ne veut pas la mort du pécheur ni la perte de son âme.

Oraison.

O Dieu, dont la miséricorde est infinie, je vous supplie très instamment par la force et vertu de tous les saints noms qui sont insérés ou écrits dans ce livre, et même au nom de tous vos saints et saintes, de vouloir bien non seulement me préserver aujourd'hui N. qui suis votre créature, mais même en tout temps, aussi bien que toutes vos créatures de tout mal et de toute iniquité, mes amis et mes ennemis, et généralement tous les fidèles qui sont sur la Terre, je vous supplie avec toute l'humilité dont la créature humaine est capable, par la force, vertu et mérite de la mort et passion de Notre-Seigneur Jésus-Christ, par celle de tous vos saints noms; par ceux aussi de la Sainte Vierge Marie, et généralement de tous vos saints et saintes, de vouloir bien aujourd'hui et toujours en quelque lieu que je sois, me conserver moi et mes biens de la malignité de mes ennemis qui ne cherchent qu'à me perdre : préservez-moi, dis-je, généralement de tous périls, pertes, tonnerres, tempêtes, foudres, peste, faim, de serpents, aussi bien que de toutes mauvaises et dangereuses bêtes, de péril, de feu et d'eau, de mort subite, éternelle, afin que nous puissions tous tranquillement, sains et saufs vous louer, bénir et glorifier éternellement dans tous les siècles des siècles. Ainsi soit-il. *Pater* et *Ave* tout entier.

Sauvez-nous des mains de nos ennemis, afin qu'étant délivrés de leurs mains, nous vous servions sans crainte. Seigneur, la force de votre bras s'est merveilleusement signalée, vous avez exterminé un superbe ennemi, vous avez manifesté la grandeur de votre gloire, en abaissant l'orgueil des impies qui s'élevaient contre vous : le feu de votre colère que vous avez fait descendre sur leurs têtes les a dévorés en un instant ; les eaux se sont entassées les unes sur les autres, parce qu'elles ont été excitées par l'esprit de votre fureur; que l'horreur et l'épouvante abattent leur courage, dans la seule idée de votre force: faites, Seigneur, qu'ils deviennent immobiles comme des pierres jusqu'à ce que votre peuple soit passé et que le peuple que vous avez choisi soit hors de péril. Jésus-Christ, Roi de gloire est venu; ce Dieu s'est fait homme, il a retiré à main armée, et par la force de son bras tout-puissant: or, Jésus passant au milieu d'eux, allait; que l'horreur et l'épouvante abattent leur courage dans la seule idée de votre force; faites, Seigneur, qu'ils deviennent immobiles comme des pierres, jusqu'à ce que votre peuple soit passé, et que le peuple que vous avez choisi soit passé.

On doit dire ceci trois fois, lorsqu'on est prêt à passer où sont les ennemis; on dit même que Charlemagne s'en servit en guerre et, par là, demeura invincible; dès ce temps-là, on avait tant de foi aux Oraisons de la sainte Eglise qu'on évitait les coups de canon en disant l'Oraison suivante:

JE vous conjure, Pierre, par le bienheureux saint Etienne, premier martyr, que les maudits Juifs ont lapidé, qui a même prié pour ses persécuteurs et bourreaux, disant S. J.-C., ne leur imputez pas cette faute, daignez plutôt le leur pardonner (parce qu'ils ne savent ce qu'ils font), afin que vous ne puissiez pas me blesser moi N. qui suis le serviteur de Dieu.

Oraison contre les flèches, de sorte qu'on le peut expérimenter contre un chien ou autres bêtes qu'on ne pourra frapper s'il a au cou cette Oraison ou l'autre qui suit :

JE vous conjure, flèches, par la charité, flagellation et congélation de Notre-Seigneur Jésus-Christ, ô flèche, reste sans effet, je t'en conjure, par le Ciel et la Terre, les étoiles et les planètes : sois donc sans effet, je t'en conjure, par le sépulcre de Notre-Seigneur Jésus-Christ. O flèche, je te commande par la résurrection de Notre-Seigneur Jésus-Christ, de ne nuire à qui que ce soit ; ô flèche, je t'en conjure encore une fois, par le Ciel, la Terre, les étoiles du Ciel, et généralement par toutes les choses qui sont dans le Ciel et qui sont sur la Terre, par le jour terrible et effrayant du jugement universel, par la virginité du corps adorable de Notre-Seigneur Jésus-Christ, et par celle de la glorieuse Vierge Marie sa Mère, de ne nuire à

P. 90

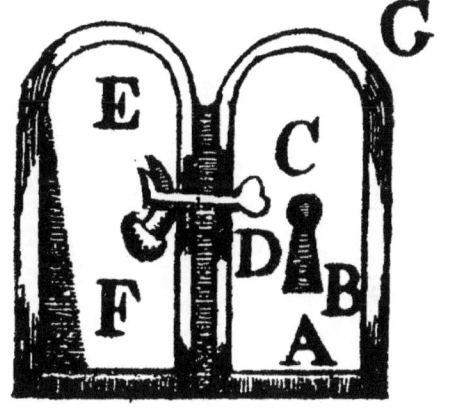

qui que ce soit : ô flèche, je t'ordonne et commande enfin par la très Sainte Trinité de demeurer sans aucun effet.

Que la paix de Notre-Seigneur Jésus-Christ soit toujours avec moi, avec la puissance du prophète Elie : ô flèche, ne tue pas, reste sans effet, je t'en conjure par la vertu de la Sainte Vierge Marie, par la tête de saint Jean-Baptiste, par les douze apôtres, par les quatre évangélistes, par les martyrs, confesseurs, vierges et veuves de Dieu, par les Anges et Archanges : ô flèche, je te fais derechef la même défense par le grand Dieu vivant, par le vrai Dieu et par le Dieu saint, par ce même Dieu qui a fait de rien toutes choses : ô flèche, je te réitère la même défense par l'Annonciation de Notre-Seigneur Jésus-Christ : ô flèche, encore une fois, je te défends de me blesser ni nuire à moi N. qui suis le serviteur de Dieu, et par l'ineffable mémoire de N. † 2 † I. † q.g. 222. L. M. † I † S. J. C. Alpha † et Oméga † Emmanuel qu'aucune épée ne me puisse percer, que je sois né par Notre-Seigneur Jésus-Christ mon protecteur, mon libérateur et mon sauveur, qu'aucun fer n'ait aucun effet sur moi N. qui suis le serviteur de Dieu.

Que ceux qui m'outragent sentent l'effet de votre justice. Anéantissez, Seigneur, ceux qui s'avancent pour m'attaquer; revêtez-vous de vos armes, prenez votre bouclier, levez-vous pour venir à mon aide et à mon secours, moi N. qui suis votre serviteur, † ainsi soit-il. † Tate Aiti † Ait Ain † que Dieu me préserve de tout mal et du danger, de la mort moi N. qui suis le serviteur de Dieu, ainsi soit-il. J.C. vainc † J.C. commande † J.C. règne † J.C. règne † J.C. conduit † J.C. soit en moi, qu'il brise et mette en morceaux le fer qui combat contre moi : ô flèche, je te commande par cette lance dont j'ai, dis-je, fait mention, de rester sans aucun effet qui me soit nuisible, et que généralement toutes les armes de mes ennemis, tant visibles qu'invisibles, n'aient aucunes atteintes sur moi N. qui suis le serviteur de Dieu.

Qui portera ladite Oraison sur soi doit ne rien craindre, soit flèche, épées, ni autres armes ne lui pourront point nuire; ni le Diable, s'il n'a fait pacte avec lui, ni les magiciens, ni aucunes personnes ne lui pourront nuire; il sera sain et sauf en tous lieux et toujours † † † . Si quelqu'un ne croit en ceci, qu'il hasarde, et il verra merveilles : s'il met cette Oraison à son cou, rien ne lui nuira.

BARNASA † Leutias † Bucella † Agla † Agla † Tetragrammaton † Adonay † Seigneur, grand Dieu admirable, secourez N. votre serviteur, tout indigne que je suis † délivrez-moi de tout danger, de la mort de l'âme et de celle du corps et des embûches de mes ennemis, tant visibles qu'invisibles † Dieu † Ely † Eloy † Ela † Adonay † Sabaoth † que ces saints noms † me soient profitables et salutaires à moi N. qui suis le serviteur de Dieu † car ceci est mon corps, † qu'il m'aime. Ainsi soit-il.

Il y a dix noms par lesquels on appelle Dieu en quelque endroit que ce soit, et par lesquels on dit que le corps de Jésus-Christ est en quelque façon forcé et contraint. Ils sont nommés dans l'Oraison ci-dessus.

P. 94

Oraison pour conjurer toutes sortes d'armes.

JE vous conjure, toutes sortes d'armes qui avez contribué et avez servi à faire mourir tous les saints martyrs, je vous commande de devenir sans aucun effet, ou plutôt vous défends par tous leurs mérites d'avoir aucune ni puissance sur moi pour me couper en quelque partie de mon corps que ce soit, ni même pour répandre aucune goutte de mon sang, ni de m'offenser ni me blesser en quelque endroit que ce soit, moi N. qui suis le serviteur de Dieu ; † Croix et Passion de Notre-Seigneur Jésus-Christ, soyez en ma mémoire, et me donnez contre mes ennemis †, paix et bénédiction de Notre-Seigneur soyez toujours avec moi ; ô flèche, devenez inutile à mes ennemis et sans effet, je vous en conjure, par la vertu de la bienheureuse Vierge Marie, par la tête de saint Jean-Baptiste, par les apôtres, martyrs, confesseurs, vierges et veuves, par les Anges et les Archanges : † ô flèche, soyez sans effet nuisible à mon égard, par l'Annonciation de Notre-Seigneur Jésus-Christ : ô flèche, je vous en conjure, par la couronne d'épines qu'on a mise sur la tête sacrée de Notre-Seigneur Jésus-Christ † ô flèche, je te réitère par la prise et flagellation de Notre-Seigneur Jésus-Christ † ô flèche, de par les clous qui ont percé les pieds et les mains de Notre-Seigneur Jésus-Christ. O flèche, par les plaies de Notre-Seigneur Jésus-Christ, par sa résurrection, je vous défends de me blesser, moi N. qui suis le serviteur de Dieu † au nom du Père † et du Fils † et du Saint-Esprit. † Ainsi soit-il.

Oraison.

Oraison au Sauveur Jésus-Christ.

JE vous supplie, Seigneur, Fils du grand Dieu vivant, par votre sainte Croix, de me pardonner mes péchés, de conserver saine et sauve ma tête par votre sainte Croix, préservez mes pieds de tous accidents par votre inestimable Croix, et généralement tous mes membres, accordez-moi, s'il vous plaît, le pardon de mes péchés et la vie éternelle. † Dieu saint, sanctifiez-moi † Dieu tout-puissant, fortifiez-moi † Dieu éternel, soutenez-moi † Dieu immortel, ayez pitié de moi N. qui suis votre serviteur, parce que mes péchés sont sans nombre. Je ne suis pas même digne d'être appelé votre serviteur à cause des offenses que j'ai commises contre votre divine Majesté ; c'est pourquoi je vous supplie, ô mon Dieu, de répandre dans mon âme et dans mon cœur votre amour céleste et divin ; vous qui vivez et régnez éternellement dans le Ciel et sur la Terre. Ainsi soit-il.

Autre Oraison.

MON Dieu, mon Père, ayez pitié de moi † ô Fils, ô Saint-Esprit, soyez avec moi : délivrez-moi de mes ennemis † épée, je te conjure, par le saint Prêtre de l'Ancien Testament, qui donna l'entrée à Marie au Temple et à N.-S. J.-C., disant : le glaive de la douleur a pénétré jusqu'à son âme, afin que vous ne me puissiez point blesser moi N. qui suis le serviteur de Dieu : † je vous conjure, vous pierres, par le bienheureux saint Etienne, premier martyr, que les Juifs ont lapidé, de ne me point blesser en quelque façon que ce soit moi N. qui suis le serviteur de Dieu. † Au nom du Père et du Fils, et du Saint-Esprit. Ainsi soit-il.

P. 99

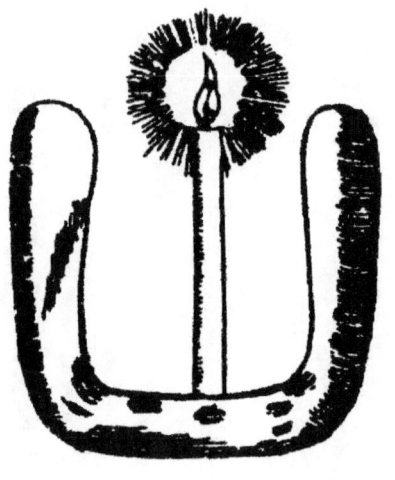

Voici les paroles que saint Léon, Pape, envoya à Charles, Roi de France et Empereur d'Occident : Quiconque les portera, lira ou fera lire, il n'aura ce jour-là aucun malheur et sera préservé de feu et d'eau, mourra en honneur de vieillesse et sera pourvu aux grandes charges ; il en sera de même d'une femme enceinte, qui en sera soulagée si elle la porte sur elle.

CROIX de Jésus-Christ que j'adore toujours † que la Croix de Jésus-Christ soit mon véritable salut pendant ma vie et après ma mort : † que la Croix de Jésus-Christ rende sans aucun effet, à mon égard l'épée de mes adversaires ; † que la Croix de Jésus-Christ m'affranchisse des liens de la Mort ; † que la Croix de Jésus-Christ soit pour moi † un merveilleux signe ; † que la Croix de Jésus Christ soit mon pouvoir, ma puissance et ma force ; † que la Croix de Jésus-Christ soit ma caution, ma sauvegarde, et m'assure d'un succès favorable contre mes ennemis; † que la Croix de Jésus-Christ me délivre de tout péril, tant présent qu'à venir; † que j'obtienne le secours de la grâce divine par ce signe de la Croix, et que son autorité et puissance me servent de barrière et de défense contre mes ennemis; † que la Croix de Jésus-Christ me délivre de toutes les adversités et malheurs de cette vie; † que la Croix de Jésus-Christ soit toujours avec moi et me sauve : qu'elle soit devant moi, et derrière moi, parce qu'aussitôt que le Démon, mon ancien ennemi, vous verra devant moi et avec moi, s'en retire bien loin et me fuie; † que tous les malins et mauvais esprits me fuient et m'évitent par ce signe de la Croix † paix Heloy † Tetragrammaton † Diday † Pontayeto Esbri † or, Jésus passant au milieu d'eux, allait † Jésus † Source † Principe † Fin † Vérité † Tout-Puissant. † Au nom du Père † et du Fils † et du Saint-Esprit. † Ainsi soit-il.

Ce sont les noms de Jésus-Christ qui sont choisis et tirés de l'Ecriture Sainte, et si quelqu'un les porte sur soi, il aura tout bon succès et n'y perdra rien; aussi les portant pendus au cou, ils font qu'on est aimé de tous.

† Authos, † a nostro † noxio, † Bay, † Gloy, † Apen, † Agia, † Agios, † Hischiros.

Ce sont les paroles que dit Adam, lorsqu'il fut en Enfer ou aux limbes, sur le bord de l'Achéron; si quelqu'un les porte en guerre sur soi, il n'y sera pas tué par aucun que ce soit; ainsi sera-t-il du voyageur qui les portera l'espace de 70 jours, il ne sera pris en chemin, ni attaqué par les voleurs, et aura le temps d'avoir un prêtre pour être ouï de confession, et avoir rémission de ses péchés : elle est aussi de grande vertu pour ceux qui voyagent sur

Mer. Elle évite de péril celui qui la portera avec grande dévotion.

† VALEAM da Zazac † Adonay N. † † † † †. Commencement † et Fin † Onction † Sagesse † Vérité † Espérance † Consolateur † c'est moi qui suis la Fontaine † le Médiateur † Agios † la Brebis † le Lien † le Pied † le Lion † le Pain † Telos † la Main † le Caillou † la Pierre angulaire † le Bienfaisant † l'Epoux † le Petit † la Divinité † le Vérédic † la Noirceur † la Grâce † la Vérité † la Paix † la Source † Atitay † l'Amour † Alleluia † Alleluia † Alleluia. † Ainsi soit-il. † L'unité, la Force † le dernier † le Tout-Puissant † Matthieu † Jean † Marc † Luc † † †.

Que ces saints noms soient pour le salut de mon âme au nom de Jésus, Marie, et au nom de saint Eloy, comme les a portés le Roi Fabricius, et les a laissés au Roi qui se nommait Eloy, et ainsi on ne pourra être pris ni tué ; si on ne veut pas l'expérimenter sur soi, qu'on les mette sur un bœuf que le boucher veut tuer, jamais il ne le pourra.

P ATHAY † Vey † Adonay † au nom du Père † et du Fils † et du Saint-Esprit ; † or, Jésus passant au milieu d'eux allait, † ô † Var † Adar † Malarum terrarum negat † le Verbe a été fait chair, et il a habité parmi nous † Christus † Tetragrammaton † qui lui dit que cela te réussisse. † Ainsi soit-il. Six † Ainsi soit-il. C'est moi qui suis ce Jésus que vous cherchez. Si vous voyez ces gens qui volent mon peuple, vous courriez aussitôt pour être

de leurs amis, et vous vous rendriez le complice des adultères : et il ne sortait de votre bouche que de l'ordure et de la malignité, et votre langue ne s'occupait qu'à tromper adroitement ceux qui se confiaient en vous. †
Et versez vos bénédictions sur votre héritage. Louange à Dieu † . † . † .

Oraison de saint Augustin adressée au Saint-Esprit, que l'on dira pour avoir révélation.

O MON Dieu, soyez-moi propice, à moi, dis-je, qui ne suis qu'un indigne et misérable pécheur, daignez me conserver et être continuellement avec moi tout le cours de ma vie, tant la nuit que le jour. Dieu d'Abraham. Dieu d'Isaac, Dieu de Jacob, ayez pitié de moi, et m'envoyez pour me secourir votre saint Michel archange, pour me défendre et protéger dans tous mes maux et périls. Bienheureux saint Michel, délivrez-moi de tout péril, et même de celui du terrible jugement de Dieu : ô bienheureux saint Michel archange, je vous en conjure par la grâce que vous avez méritée, par Notre-Seigneur Jésus-Christ, seul fils unique de Dieu, de me délivrer aujourd'hui du danger de la mort : saint Gabriel, saint Raphaël et tous les saints

P. 105

P106

Anges de Dieu, secourez-moi, je vous en conjure tous, tant que vous êtes de vertu des cieux, de m'accorder votre secours et votre pouvoir, afin qu'aucun de mes ennemis tant petits que grands, en un mot, tel qu'il puisse être, ne me puisse faire sentir les traits de sa malignité, ni de sa vengeance, ni sur le chemin, ni sur l'eau, ni par le feu, ni qu'il puisse me procurer aucune mort subite, ni qu'il puisse en un mot m'être contraire, soit que je dorme, ou que je veille. Voici † la Croix du Seigneur, fuyez donc et disparaissez vous tous mes ennemis, qui cherchez à me perdre, le lion de la tribu de Juda est victorieux, race de David ; Alleluia. Sauveur du monde, sauvez-nous, vous qui nous avez rachetés par l'effusion de votre propre sang sur l'arbre de la Croix. Nous vous supplions très humblement, ô mon Dieu, de nous secourir. Agios, Otheios, Agios, Ischyros, Agios, Athanatos, Eleïson Himas, Dieu saint, Dieu fort, Dieu immortel, ayez pitié de nous. Croix adorable de Jésus-Christ, sauvez-nous, Croix de J.-C. protégez-nous, Croix de J.-C. défendez-nous. Au nom du Père et du Fils, et du Saint-Esprit. Ainsi soit-il.

Oraison de saint Cyprien.

Moi Cyprien, serviteur de Notre-Seigneur Jésus-Christ, j'ai prié Dieu le père tout-puissant, et lui ai dit : Vous êtes seul le Dieu fort, mon Dieu tout-puissant qui habitez les cieux, séjour rempli de lumières, vous êtes saint et louable, vous avez prévu de toute éternité la malice de votre serviteur, et les iniquités dans lesquelles je suis plongé par la puissance du diable, et j'ignorais votre saint Nom ; je marchais au milieu des brebis, et elles me quittaient aussitôt, et les nuées ne pouvaient point donner de pluie sur la Terre, qui était sèche et aride, ni les arbres de fruits et les femmes étaient enceintes ; je bouchais et fermais les passages de la Mer, et il était impossible de les ouvrir ; je faisais moi-même tous ces maux, et encore une infinité d'autres ; mais à présent, mon Seigneur Jésus-Christ et mon Dieu, que je connais votre saint Nom, et que je l'aime, je me repens de tout mon cœur, de toute mon âme et de toutes mes entrailles de la multitude de ma malice, de mes iniquités et de mes crimes, et forme maintenant la résolution de demeurer dans votre amour, et de me soumettre à votre saint commandement, parce que vous êtes le seul et unique Verbe du Père tout-puissant. Je vous conjure maintenant, mon Dieu, de rompre les liens des nuées, de les délier, de faire tomber sur la Terre et sur vos enfants de petites pluies douces et favorables, qui fassent produire leur nourriture aussi bien que celle de tous les animaux qui vivent dans les eaux, en déliant les fleuves que j'avais liés aussi bien que tout le reste, je vous en conjure par votre très saint Nom ; et vous, mon Dieu, préservez-moi N. qui suis votre créature, de tout danger † et de tout mal † je vous le demande par votre saint Nom à qui toutes choses, tant spirituelles que corporelles, doivent honneur et gloire. Et par Emmanuel, qui signifie Dieu soit en nous; et dites aux eaux, j'ai sanctifié les portes et les endroits par où vous passez: et vous avez délivré, Seigneur, les enfants d'Israël de la captivité de Pharaon: daignez aussi me délivrer de tous maux, périls et dangers, je vous en conjure moi N. qui ai le bonheur de vous appartenir étant votre créature, par vos serviteurs Moïse et Aaron; étendez de même sur moi N. votre main droite pour répandre sur moi N. votre sainte bénédiction, vous êtes mon Dieu, bénissez-moi comme vous avez béni vos bons Anges, c'est-à-dire vos Anges, Archanges, Trônes, Dominations, Principautés, Puissances, Vertus, Chérubins, Séraphins: daignez aussi moi N. me bénir mon Seigneur Jésus-Christ; moi qui suis votre créature, bénissez-moi de telle façon qu'aucun esprit immonde, ni démon ne me puisse nuire, que je ne puisse recevoir aucune tache, que leurs mauvaises actions ni leurs mauvais desseins, ni la malignité de leurs

P III

yeux, de leurs langues envenimées, ni aucune persécution de leur part ne puissent avoir aucune atteinte sur moi. Éloignez de nous, Seigneur, tout mal, tout malin esprit, que tous les mauvais hommes et pernicieuses femmes s'éloignent de nous, nous fuient, et nous d'eux, que tous nos ennemis et adversaires s'éloignent de nous, qu'ils n'aient aucunes atteintes ni pouvoir sur nous, nous vous le demandons par la vertu du Très-Haut, et si quelqu'un, Seigneur, me veut nuire et faire le moindre mal, mettez-moi sous votre sainte protection, mon Dieu, moi N. qui suis votre créature, et daignez me faire tout bien ; je vous le demande par la vertu et mérites de vos saints Anges, qui étant Dieu, vous louent sans cesse, et par tous vos patriarches, vos apôtres, saints et saintes du Paradis, de délivrer et préserver votre serviteur de la malignité des regards de tous mes ennemis et de ceux mêmes qui pourraient me nuire. Ainsi soit-il. Je vous prie derechef, mon Seigneur

Jésus-Christ, par toutes les saintes prières qui se disent généralement dans toutes les églises de la Chrétienté, de me rendre libre et me délivrer de la malignité de toutes les mauvaises actions, de tous les maléfices que peuvent faire tous les démons, les mauvais hommes et les mauvaises femmes ; je vous le demande par le nom des Chérubins et des Séraphins, qu'ils n'aient aucun pouvoir ni atteintes sur nous ; je vous en supplie très humblement, Dieu le Père, très doux et très miséricordieux, par votre Annonciation, par votre Mort et votre sépulture, par votre admirable et merveilleuse Ascension, par la venue et arrivée du Saint-Esprit sur la Terre, et par les prières de tous les saints, par la contrition de tous les saints pèlerins, par la beauté d'Adam, par le sacrifice d'Abel, par la délivrance de Noé, par la foi d'Abraham, par l'offrande d'Isaac, par la religion de Melchisedech, par l'humilité de Job, par le saint amour de Moïse, par le sacrifice d'Abraham, par la religion d'Aaron et par les psaumes de David, par l'annonciation d'Isaac, par les larmes de Jérémie, par la contrition de Zacharie, par la profondeur de l'abîme de l'Enfer, par la hauteur du Ciel, par la clarté de la Divinité, par les langues des apôtres, par les voies des évangélistes et des Anges, par celui qui vit Moïse, par l'éclat des lumières, par les saints discours et prédications des apôtres, par le baptême de Notre-Seigneur Jésus-Christ, par la voix du Père Céleste qui disait de son trône et que l'on entendit sur la Terre : Celui-ci est mon Fils, bien-aimé, dans lequel j'ai mis toutes mes complaisances, écoutez ce qu'il vous dira ; et par ce miracle, quand Jésus-Christ rassasia cinq mille personnes dans le désert de cinq poissons et de deux pains, par celui qu'il fit en ressuscitant Lazare, et par tous ceux qui craignent Dieu. Je vous supplie, Seigneur, de rompre tous ces liens, et me préservez du charme de leurs yeux, moi N. qui suis le serviteur de Dieu ; je vous conjure, Seigneur, par toutes ces actions saintes, et par toutes les vertus qui sont écrites dans ce livre à la louange et honneur du grand Dieu vivant, de ne pas avoir atteinte sur moi N. qui suis votre serviteur, que ce grand Dieu, dis-je, qui a créé toutes choses, ne permette pas que toute leur magie, sortilège ou maléfice, s'ils s'en sont servis, aient aucun pouvoir sur l'or, l'argent, l'airain, le fer, ou sur celui qui est ouvragé ou ciselé ou brute, ou sur les soies ou sur les laines, ou sur les lins et sur les étoffes et linges faits de toutes ces matières, sur généralement tous les os tant d'hommes que femmes, de poissons, sur le bois ou quelque autre chose que ce soit, ou sur les herbes ou sur quelques livres ou papiers ou parchemins vierges ; s'ils en ont mis ou fait mettre sur quelque pierre, dans l'eau, le vin, le pain, le fromage, ou dans la Terre ou sur Terre ou dans le sépulcre de quelque géant, ou hébreux, ou païen, ou chrétien, ou dans les cheveux ou sur les cheveux, les habits, les souliers, quelque attache ou courroie, et en un mot, dans ou sur quelque chose que ce puisse être, c'est-à-dire en quelque lieu ou chose que toutes ces mauvaises actions soient faites ou se doivent faire. Je vous demande et supplie très humblement par la vertu de Dieu le Père très puissant, et du Fils, et du Saint-Esprit, de les détruire et rendre sans effet et qu'elles n'aient aucune puissance sur moi † N. qui suis votre serviteur. Je vous en prie par les mérites de saint Cyprien.

Quiconque portera sur lui cette Oraison sera garanti de tous dangers et périls.

Pendant que l'on porte cette Oraison, l'on est sous la garde et protection des saints Archanges Michel, Gabriel et Raphaël, de tous les saints et Elus de Dieu ou prédestinés, par tous les ordres des bienheureux Saints, et par ce voyageur qui a été crucifié.

FAITES, ô mon Dieu, mon souverain, bien que moi N. qui suis votre créature, sois délivrée de toute mauvaise action, de tout péril, de tous maux, de la langue et de l'œil pernicieux de mes ennemis qui cherchent à me perdre et me détruire. O Dieu le Père tout-puissant et éternel, délivrez-moi de tous les dangers qui m'environnent, comme vous avez délivré les trois enfants, Sidrac, Misaac et Abdenago, de la flamme du feu ; délivrez aussi votre serviteur de tout péril et danger, tant de l'âme que du corps.

Voici les noms de Jésus-Christ ; quiconque les portera sur soi en voyage, tant sur la Terre que sur la Mer, sera préservé de toutes sortes de dangers et de périls, qui les dira avec foi et dévotion.

TRINITÉ † Agios † Sother † Messie † Emmanuel † Sabaoth et Adonay † Athanatos † Jésus † Pentagna † Agiagon † Ischiros † Eleïson † ô Theos † Tetragrammaton † Ely † Saday † Aigle † grand Homme † Vue † Fleur † Source † Sauveur † Alpha † et Oméga † premier Né † Sagesse † Vertu † Consolateur † Chemin † Vérité † et Vie † Médiateur † Médecin † Salut † Agneau † Brebis † Veau † Espérance † Bélier † Lion † Ver † Bouche † Parole † ou Verbe † Splendeur † Soleil † Gloire † Lumière † Image † Pain † Porte † Pierre † Epouse † Pasteur † Prophète † Prêtre † Saint † Immortel † Jésus-Christ †

Père † Fils † Homme Saint † Dieu † Agios † Résurrection † Mischios † Charité † Eternité † Créateur † Rédempteur † Unité † souverain Bien † Evam †.

Ici sont les noms de la Sainte Vierge.

Vie † Vierge † Fleur † Nuée † Reine † Theotokos † Toute † Silencieuse † Impératrice † Pacifique † Maîtresse † Terre † Naissance † Fontaine † Puits † Chemin † Femme † Aurore † Lune † Soleil † Porte † Maison † Temple † Bienheureuse † Glorieuse † Pieuse † Cour † Principe † Fin † Ecole † Echelle † Etoile fervente † Grappe † Vigne † Tour † Vaisseau † Rédemptrice † Libératrice † Arche † Lit † Cinnamone † Génération † Femme † Amie † Vallée † Vallon † Trompette † Epine † † belle Pierre † Mère † Alana † bien Faite † Rose † Porte bénie † Libur † Ville †

Colombe † Grenade † Tabernacle † Grande † Marie. † Ainsi soit-il. † Ainsi soit-il. †

En l'honneur de Dieu et du bienheureux saint Cyprien. Rendons grâces à Dieu. Ainsi soit-il.

Oraison à saint Michel pour ceux qui voyagent sur l'eau ; elle sert aussi contre la clavelée des moutons.

MICHEL archange, qui avez la garde du Paradis, venez secourir le peuple de Dieu, et ayez agréable de nous défendre contre le Démon, et généralement de tous nos ennemis qui sont très puissants, et nous conduire en la présence de Dieu dans le séjour des bienheureux.

℣. Seigneur, mon Dieu, je chanterai vos louanges en présence de vos Anges.

℟. Je vous rendrai mes très humbles hommages dans votre saint Temple, et je publierai la grandeur de votre Nom.

La présente figure est la mesure de la plaie du côté de Jésus-Christ. Quiconque la portera sur soi ne doit appréhender aucunes embûches de ses ennemis, tant visibles qu'invisibles, et toute femme enceinte dans le travail de l'enfantement aura un prompt secours, pourvu seulement qu'elle la voie. Elle fait avoir victoire sur les ennemis, vous garantit de toute perte, dommage et de mort subite. Il faut, pour la faire exorciser, du parchemin vierge, ainsi que les autres instruments, et cela le jour du Vendredi-Saint, à une heure après minuit, ayant auparavant récité toute la Passion, après quoi on fait ladite figure, on la parfume de bonnes odeurs, puis on la porte sur soi.

Recommandation.

P. 120

P. 121

Recommandation aux quatre Évangélistes,
avant de se coucher :

† *Huic thalamo præsto lucas defensor adesto.*
† *Marce precare Jesum ne simus Dæmonis æsu.*
† *Te precor ut damnes fantasmata cuncta Joannes.*
† *Esto custos meus dum dormiam nocte Mattheus.*
† *Jesu Filii David miserere mei. Amen.*
† *In nomme Patris* † *et Filii,* † *et Spiritus sancti.*
  † *Amen.*

*Oraison du Pape Léon, pour lever
tous sorts et enchantements.*

L'AGAROTH, † Aphonidos, † Paatia † Urat, Condion, † Lamacron, † Fondon, † Arpagon, † Alamar, † Bourgasis *veniat Serebani.*

Secrets Mystiques pour charmer les armes.

De valanda jacem mafix darafia excorbis.

Secret Mystique pour garder les moutons.

Ecrivez sur du parchemin vierge le Vendredi-Saint pendant la Passion, Otheos, † à Ortoo, † Noxio, † Bay, † Gloy, † Apenib, † puis mettez cet écrit dans le manche de la houlette, et la plantant debout, les moutons ne s'en écarteront point.

Pour guérir les moutons gonflés.

Got et magot et super magot et consummatum est. Faites le signe de la Croix du pied gauche, prononçant les paroles ci-dessus en entrant dans l'herbage ils seront préservés. Et pour les guérir s'ils sont gonflés, vous les

P. 122

formation 1

מיכאל

אלחיים

גבראל

יהוה

reformation

2 transformation 3

אוריאל

répéterez trois fois sur chaque animal, il les faut faire tenir debout, et qu'ils n'aient aucune agitation.

Contre la gravelle des moutons.

PRENEZ deux ou trois brins de lin, les entourer à un petit bâton de buis que vous tremperez et passerez dans le fondement de l'animal trois fois de suite, disant : *passe fratres nobis.*

Clef et table mystérieuse des oraisons et secrets contenus en ce livre.

LES deux Pentacles, dont l'un est au frontispice et l'autre à la fin de ce livre, sont d'une vertu puissante pour lier et tenir en bride les esprits les plus résolus; c'est leur sentence et leur condamnation: dès que vous leur montrez, ils ne font aucune difficulté de vous obéir en toutes choses. Il est à remarquer que l'on ne peut faire aucun livre magique fort et puissant sans que ces deux Pentacles y soient empreints. Il faut qu'ils soient faits sur du parchemin vierge de bouc, exorcisé et béni, et on doit dire dessus une Messe du Saint-Esprit, après quoi on fera les Pentacles la nuit du mercredi, à l'heure du mercure. *Nota*. — Qu'il faut avoir exorcisé son encre et sa plume, qui n'auront point servi. Il faut être seul dans un lieu solitaire et chaste, et être pur et net de trois jours, tant de l'intérieur que de l'extérieur; la même conduite doit être observée en toute autre opération; après avoir fait le cercle, on le bénira, jetant dessus de l'eau bénite, disant: *Asperges mes, etc...* Après que les Pentacles seront faits, il faut les encenser de senteurs odoriférantes, ensuite les mettre dans un vase de terre propre, où ils doivent rester trois jours et trois nuits; on les mettra ensuite dans un linge pur et bien blanc, pour les conserver précieusement, crainte qu'ils ne soient profanés, jusqu'à ce qu'on les place en quelque livre, auquel étant attachés, on doit encenser et exorciser le livre qu'on met en lieu pur, qu'on rie doit ouvrir qu'au besoin.

Prière avant toute opération.

Dieu tout-puissant, Dieu très fort, Dieu très doux, Dieu très haut et très glorieux, Dieu souverain et juste, ô Dieu plein de toute grâce et de clémence, je me jette à vos pieds, moi N. qui suis un pécheur indigne, et rempli d'iniquité : je me présente devant votre Majesté, j'implore votre miséricorde et votre bonté, ne regardez point la multitude infinie de mes péchés, puisque vous avez toujours compassion des pénitents, daignez exaucer mes prières ; bénissez, je vous supplie, mon opération par votre bonté, votre miséricorde et votre vertu toute-puissante. C'est la grâce que je vous demande † au nom de votre Fils, † qui règne avec vous et le Saint-Esprit, † dans tous les siècles des siècles. Ainsi soit-il : dites ensuite cinq fois l'Oraison Dominicale, et la Salutation Angélique.

Exorcismes des parchemins, encre et plume.

JE t'exorcise, esprit immonde, esprit d'illusion, afin qu'au nom de Dieu tout-puissant tu n'aies à t'éloigner de cette opération, et que toute ta malice étant éloignée de nous, ces choses que nous exorcisons restent sanctifiées. Au nom du Père, † du Fils, † et du Saint-Esprit. † Ainsi soit-il. Afin que moi N. par la vertu de ces parfums, je puisse être soutenu de toute la vertu de l'esprit de Dieu et qu'aucune illusion ne puisse me nuire, ce que je demande par le grand et formidable nom de Dieu Samhammaphoras.

Bénédiction du parfum.

Dieu d'Abraham, † Dieu d'Isaac, † Dieu de Jacob, † bénissez cette créature N., qu'elle redouble la force et la vertu de ses odeurs, afin qu'elle puisse contenir les esprits, que je dois évoquer par la perfection de mon ouvrage et mon désir ; je vous le demande par votre Fils Notre-Seigneur Jésus, qui vit et règne avec vous dans l'unité du Saint-Esprit, par tous les siècles des siècles. Ainsi soit-il.

Exorcisme du Feu.

L'ayant mis dans un vase de terre neuf, dites dessus : Je t'exorcise, créature de feu, par celui qui a fait et créé toutes choses, afin que tous fantômes qui pourraient me nuire s'éloignent de toi.

Bénédiction du Feu.

Dieu d'Abraham † Dieu d'Isaac † Dieu de Jacob † bénissez cette créature N., afin qu'étant bénie et sanctifiée en l'honneur de votre saint Nom, elle écarte de tous ceux qui la porteront ou verront tous fantômes ou ennemis nuisibles ; c'est ce que nous vous demandons par votre Fils unique N.-S. J.-C. qui vit et règne, etc...

*Vertus des sept Psaumes,
tirés de la Cabale, page 6.*
L'Evangile selon S. Jean, page 5.

Est destiné pour se garantir de tous accidents pendant le jour, étant dit le matin en se levant, s'étant arrosé la face d'eau bénite, disant : *Asperges mes, etc.* Ensuite, se mettre contre la muraille pour n'être vu de personne, se frapper la poitrine trois fois, en disant :

Confiteor, etc., puis se lever debout et réciter ledit Evangile ; on reste encore une demi-heure dans sa chambre, récitant *les sept Psaumes, les Litanies des Saints* et le *Pater noster.*

Si on porte sur soi ledit Evangile, écrit sur du parchemin vierge et renfermé dans un tuyau de plume d'oie le premier dimanche de l'année, une heure avant soleil levé, on sera invulnérable et se garantira de beaucoup de maux.

Contre toutes sortes de charmes, etc. page 20.

Sept oraisons mystérieuses pour chaque jour de la semaine, elles sont destinées en général contre toutes sortes de dangers, maux, infortunes et accidents, *page 26* et celle qui les suit.

Il faut, pour se servir de ses sept oraisons, faites le premier mardi de la Lune avant Soleil levé, l'aumône au premier pauvre que l'on trouvera dans l'Eglise, où l'on entendra une messe. Puis quand on sera de retour, on écrira lesdites oraisons sur du parchemin vierge ; les croix qu'on y trouvera doivent être marquées du sang tiré du doigt du milieu de la main gauche et, à chaque croix que l'on tracera, il en faut faire une sur soi ; après cela, faut bénir et encenser lesdites oraisons et, les portant sur soi, on sera préservé de toutes sortes d'embûches de ses ennemis.

Contre les adversités du monde, page 42.

L'oraison, il brisera l'art, etc., doit être accompagnée de celle de la Vierge, *page 42*, et de celle qui commence la droite du Seigneur, etc..., *page 43*.

On écrit ces trois oraisons le lundi à minuit, ayant sur la table une chandelle de cire jaune pour éclairer ; avant de les écrire, prononce ce qui suit :

Vous marcherez hardiment sur l'aspic et sur le basilic, vous froisserez la tête du Lion et du Dragon. Ecrivez ensuite avec hardiesse ces oraisons sur du parchemin vierge de chevreuil exorcisé et, les portant sur soi, on peut renverser, dompter et détruire ses ennemis ; la première de ses oraisons sert à charmer les armes.

Oraison de grande vertu, page 44.

Pour se servir de cette oraison, il faut la décrire sur du parchemin vierge le premier lundi de la lune avant soleil levé ; il faut que le parchemin ait été exorcisé et qu'on ait dit dessus trois Messes du Saint-Esprit par trois lundis différents à son intention ; aller ensuite, par un vendredi, cueillir de la verveine à l'heure de Vénus ; il faut, quand on est près de ladite herbe étendre la main gauche dessus, ayant le visage tourné vers l'Orient, puis dire : *facta isquina fatos joara*, herbe dont la vertu est admirable et produit des effets merveilleux, je te cueille afin que tu me serves à ce que je voudrai. Pline, le naturaliste, dit que les magiciens prétendent que cette herbe doit être cueillie vers le commencement des jours caniculaires, que le soleil et la lune ne soient point sur la terre, ayant auparavant enterré des rayons de miel et du miel pour satisfaire et apaiser la terre, après qu'on l'aura déchaussée avec un pic de fer, la faut cueillir de la main gauche et ne la laisser choir en terre ; on fait sécher séparément et à l'ombre les feuilles, la tige et la racine ; on met ensuite le tout sur ladite oraison et on enveloppe le tout dans un morceau de satin blanc ; portant sur soi cette herbe de la manière que nous venons d'enseigner, on obtiendra tout ce qu'on peut demander, on ne pourra pas même vous refuser en mariage une fille, quelque riche qu'elle puisse être ; mais il faut s'absenter de jurer ni aller dans aucun lieu de débauche quand on porte cette herbe, elle deviendrait infructueuse. De plus, il faut dire tous les matins, avant le lever du soleil, ladite oraison, avec un *Pater* et un *Ave*.

Contre la fragilité humaine,
Dieu fort, etc..., page 50.

Cette Oraison sert pour voir en songe ce que l'on souhaite. Lorsqu'on se sent succomber ou être faible sur quelque chose que ce soit, on récite ladite Oraison et celle qui la suit, faisant autant de signes de croix qu'il y en a en l'écrivant; on les écrit le premier vendredi de la lune, une heure avant le soleil levé; les croix doivent être marquées du sang tiré du pouce de la main gauche, le tout sur du parchemin vierge.

Quand on veut faire quelque expérience, on met ces Oraisons sous l'oreiller du lit, du côté de l'oreille qu'on dort ordinairement; le mieux est de les mettre du côté de l'oreille gauche et on voit l'effet de ce qu'on désire.

Oraison : O Seigneur Jésus-Christ,
Page 54.

Pour se servir de cette Oraison, il la faut écrire le mardi, à 11 heures du soir ; les croix seront tracées avec du sang tiré du doigt d'après le pouce de la main gauche ; elle sert à connaître les complices d'un crime ou d'un vol.

Nota. — Qu'il faut l'écrire sur du parchemin vierge, et on ne doit avoir bu ni mangé de sept heures. Le lendemain, mercredi, on ne pourra ni boire ni manger que le soleil ne soit couché, ce qu'ayant fait, tu la mettras sous ta tête en te couchant ; on connaîtra par expérience l'effet de sa demande : elle sert aussi contre ses ennemis, y ajoutant celle devant qui commence : or, Jésus passant, etc., *page 51.*

Oraison très utile pour ceux qui voyagent.
Agla Pentagrammaton, etc., page 55.

La faut écrire trois jours avant son départ sur du parchemin vierge avant le lever du soleil, récitant avant le Psaume 125. *In convertendo* ; les croix seront formées du sang tiré du petit doigt de la main gauche ; on tracera deux de ces croix avec du charbon béni de la main gauche ; ensuite, on récitera le Psaume 58. *Deus, in nomine tuo salvum me fac.* Portant ladite Oraison sur soi, on sera craint et redouté de ses ennemis, tant magiciens qu'esprits malins, voleurs et autres, et on obtiendra les demandes qu'on fera dans les voyages ; tu feras peur à tous ceux qui te voudront du mal.

Exhortant envers Jésus-Christ
Hagios, page 59.

Tu écriras ces saints noms sur du parchemin vierge tel jour que tu voudras avant le soleil levé et fera les croix de ton propre sang tiré du petit doigt de la main gauche et, après, tu l'encenseras et parfumeras et le porteras sur toi avec vénération et tu seras préservé de tout danger.

Pour rendre une femme fidèle
O bon Jésus, etc., page 65.

On commence à écrire les croix de cette oraison sur du papier commun avec l'encre ordinaire; on les tracera ensuite avec la main gauche sur du parchemin vierge, comme aussi *Adonay Job Magister dicit Jo* avec du charbon béni, et cela le premier lundi de la Lune à son heure. On jette ensuite au feu les croix qui sont sur le papier, disant: « Puisses-tu brûler à jamais et ne point venir avec moi au jugement. » Après, tu porteras sur toi le parchemin; ensuite, on écrira l'Oraison sur du papier rouge. Le mardi, à l'heure de Mars, on fera les croix avec de l'encre noire qui n'ait point servi, dans laquelle on aura mis trois gouttes de sang tiré du doigt du milieu de la main droite. Portant sur soi cette Oraison, la femme sera fidèle jusqu'à la mort.

Vertus admirables d'une figure,
page 76.

Lettre d'Abagare, écrite à Jésus-Christ,
page 77.

Réponse de Jésus-Christ avec une Oraison qui sert contre les maladies et préserve de mort subite, page 79.

Le grand saint Léon, Pape, etc...
page 83.

On doit écrire cette Oraison le dimanche à l'heure du Soleil sur du parchemin vierge, faisant d'abord un signe de croix, et toutes celles qu'on trouvera seront marquées du sang du petit doigt gauche, faisant autant de signes de croix sur toi ; faut réciter le Psaume 50. Portant sur soi ce parchemin, on obtiendra des grands et des princes ce que l'on souhaite.

L'Oraison je vous conjure, Pierre, etc...
page 89.

Sert pour être invincible, heureux dans une bataille, dans un siège de ville et à forcer un camp ennemi. Cette Oraison avec les deux autres qui suivent étant écrites sur du parchemin vierge le jeudi, à 11 heures du soir, les croix doivent être faites avec de la sanguine sans faire de signe de croix. On doit, avant toute chose, dire le Psaume *Judica, Deus, nocentes*, et l'Oraison *Obsecro te, Deus*. Il ne faut pas omettre les chiffres et Caractères qui sont la supputation du Démon de Jupiter qui domine à la planète de Vénus. Les Caractères L. M. sont les noms de Limoch et Machel, dont l'un gouverne les vents de la terre et l'autre arrête les foudres et tempêtes ; par ces Caractères, on peut lever sans bruit les trésors cachés, les mettant sur la place à l'heure comme dessus (toutes choses étant observées comme nous l'avons indiqué) ; on porte ledit parchemin, entre minuit et une heure, entre trois chemins où l'on fera un cercle et une fosse au milieu, puis le parchemin étant enveloppé d'un linge propre, on le met dedans couvert d'un plat de terre neuf, puis on récite les oraisons susdites et celles qui sont sous le plat serviront à conjurer les esprits et empêcher leur impétuosité et les tenir en bride. Si l'on fait cette expérience par un Samedi Saint, elle sera plus certaine ; les croix seront marquées avec du charbon commun ; on les retire trois jours après à la même heure, elles te serviront à tout ce que tu voudras.

Contre les flèches, etc., page 90.

Oraisons contre tous charmes et poisons, etc.,
page 93.

Barnasa, etc... Il faut écrire cette Oraison sur du papier trempé dans du sang de bouc, l'ayant fait sécher un jour de mercredi, à l'heure de Mercure, la première croix sera faite de la main gauche, tout le reste de la main droite, avec de l'encre et une plume qui n'auront point servi, dans laquelle on aura mis trois gouttes de sang de bouc : ayant fini, on fait trois signes de croix, on récite le Psaume 44 ; puis on porte sur soi l'Oraison, et n'aie pas peur, car le marbre ne sera pas plus dur que toi.

Oraison pour conjurer toutes sortes d'armes,
page 95.

Oraison au Sauveur Jésus-Christ, page 97.

Voici les paroles que S. Léon, Pape,
envoya à Charlemagne, p. 99.

Pour se servir de cette Oraison, il faut jeûner trois jours avant que de l'écrire, et le quatrième jour avant le lever du soleil, ayant fait ses prières à Dieu, on dit le Psaume 50 ; on écrira sur du parchemin vierge béni, après quoi on la parfumera de bon parfum, puis on l'enveloppe dans un satin blanc béni et on la porte sur soi.

Ce sont les noms de Jésus-Christ, etc...
Authos, etc..., page 101.

Cette Oraison est d'une grande vertu pour se faire aimer et faire venir telle personne que l'on voudra. Avant de l'écrire, il faut jeûner trois jours et faire dire trois messes à l'intention de l'âme la plus délaissée ; à chaque fois qu'on sort de chez soi pour faire dire la messe, il faut faire l'aumône au premier pauvre qui se présente; ensuite, le premier vendredi de la Lune, à six heures du matin, on récite le Psaume *Principes, les princes m'ont persécuté, etc...* Puis on écrit l'Oraison sur du parchemin vierge avec une plume et de l'encre qui n'aient point servi; quand elle sera écrite, on récite debout le Psaume *Magnificat*: puis on encense ladite Oraison et on la porte sur soi. Quand on veut faire venir une personne, on récite ce jour-là ladite Oraison trois fois, après quoi on dit: « Que vienne au plus tôt ici » (nommez le nom et le surnom de la personne).

Ce sont les paroles d'Adam, etc..., page 101.

Pour te servir de cette Oraison, il faut la réciter trois fois le premier jeudi du croissant de la lune avant le lever du soleil et trois autres fois avant que de se coucher, à l'heure de Jupiter; et le lendemain, vendredi, à l'heure de Vénus, on l'écrira sur du papier blanc exorcisé, avec encre et plume neuve ; après quoi, on récite le Psaume 118, *Immaculati omnes, etc...*, puis on l'encense et on le porte sur soi. Au-dessus de ladite Oraison, on écrira : *Valeam da Zarac.* † Ce qu'ayant fait, elle te servira pour entrer en grâce avec les princes et les grands seigneurs, hôtes et parents.

Que ces saints noms, etc., c'est l'Oraison de saint Alosée, etc... Patay. On doit écrire cette Oraison sur du papier le vendredi, à onze heures du soir, ayant dit avant que ces saints noms, etc., vous verrez bientôt vos ennemis venir vous rendre hommage, etc., *page 103*.

Oraison de saint Augustin pour avoir révélation, page 105.

Oraison de saint Cyprien, page 108.

Avant que de l'écrire, il faut jeûner trois jours et se confesser, puis réciter ce qui suit :

« O Seigneur, éclairez-moi en ce jour où j'écris la sentence des démons; purifiez-moi, ô mon Dieu, qui vivez et régnez les siècles des siècles. Ainsi soit-il. » On écrit sur du parchemin vierge un dimanche à l'heure du soleil, puis on l'encense et l'enveloppe dans un linge fin et propre; cela fait, quand on en voudra voir l'effet, il faut jeûner et se confesser comme dessus. Elle est d'une grande vertu pour évoquer et lier les démons.

Voici les saints noms, etc... Page 117.

On écrit cette Oraison sur du parchemin vierge tel jour qu'on souhaitera avant le soleil levé; on marquera les croix du sang tiré du petit doigt de la main gauche, puis l'encenser et la porter sur soi.

Ici sont les noms de la Sainte Vierge,
page 118.

On écrit cette Oraison sur du parchemin vierge ; les croix seront formées du sang tiré du doigt annulaire de la main gauche tel jour que l'on voudra avant soleil levé, l'encenser et réciter tout l'office de la Conception et la porter sur soi. Elle sert à obtenir des grâces de la Sainte Vierge.

Oraison à saint Michel, page 119.

Elle sert contre la clavelée des moutons, pour ceux qui voyagent sur l'eau, pour être préservés des embûches, des tentations et des morsures des bêtes venimeuses. On l'écrit sur du parchemin vierge le jour de Saint-Michel avant le lever du soleil ; on l'encense et on la porte sur soi en l'honneur de Dieu et de saint Cyprien.

*Figure de la plaie du côté de Jésus-Christ
et ses vertus, page 120.*

*Recommandation aux quatre Evangélistes,
etc. page 121.*

Tu feras, le jour de la fête de chaque évangéliste, dire une messe ; tu écriras ladite Oraison le jour de la première messe avant le soleil levé sur du parchemin vierge ; les croix seront marquées avec du sang tiré des quatre doigts de la main gauche ; après quoi, tu l'encenseras, parfumeras et porteras sur toi. Elle sert pour gagner au jeu, trafic, commerce ou négoce.

Secrets mystiques.

Oraison du Pape Léon contre tous sorts, etc.,
   page 121.
Pour charmer les armes, page 122.
Garde pour les moutons, ibid.

Pour guérir les moutons gonflés, ibid.
Contre la gravelle des moutons, page 123.
Conjuration des esprits de l'air, page. 148.
Renvoi, page 151.
La patenôtre blanche pour aller infailliblement en Paradis, page 152.
Pour arrêter le cours du feu qui brûle une maison, page 153.
Pour se garantir des armes à feu, ibid.
Pour l'amour, page 154.
Pour guérir de la colique, ibid.
Pour arrêter un carrosse ou charrette, p. 154.
Pour gagner au jeu, ibid.
Jarretière pour la marche, etc., ibid.
Pour empêcher un chasseur de tirer, etc., page 156.
Pour tirer le billet blanc à la milice, ibid.
Pour mettre la paix entre gens qui se battent, page 157.
Pour arrêter le sang, ibid.
Pour guérir la brûlure, ibid.
Pour châtier les insolents, page 158.
Pour faire cesser la grêle, etc., page 159.

Conjuration pour les esprits de l'Air, aux Anges dominateurs de l'Air ce jour-là et ayant imploré leur secours en cette manière, l'un après l'autre.

JE vous conjure et vous prie de m'être favorable, et d'écouter les demandes que je désire vous faire, et de venir promptement à mon secours, et de m'aider et conduire à un heureux succès l'opération que je commence, et je vous serai obligé ; cela fini, il dira :

Je vous conjure, ô Anges, tous autant que vous êtes (en les nommant chacun par leurs noms) et vous contrains par le siège du grand Dieu, Adonay, Agios, ô Théos, Ischyros, Athanatos, Paraclytus, Alpha et Oméga, et par les trois noms sacrés de Dieu, Agla, On, Tetragrammaton, à ce que vous ayez à accomplir aujourd'hui ce que je désire ; vous direz la conjuration du jour assigné que vous trouverez dans le Grimoire d'Honoré, Pape, après avoir fait ce que dessus. Si les esprits, après la conjuration convenable au jour assigné, demeurent en leur obstination, ne tenant compte des prières ni des commandements qui leur seront faits de la part du grand Dieu vivant, le maître de l'opération fera et récitera l'exorcisme suivant qui est tel :

Oraison.

Amerula, Tancha, Latiston, Zabac, Jancha, Escha, Aladia, Alpha et Oméga, Leiste, Oriston, Adonay, mon père céleste, très clément, ayez pitié de moi, misérable pécheur que je suis ; étendez aujourd'hui le bras de votre toute-puissance sur moi et me fortifiez contre les esprits obstinés, afin qu'en considération de vos grandeurs divines, je puisse être doué de toute sagesse, pour louer et glorifier votre saint Nom. Je vous supplie donc, mon Seigneur et mon Dieu, et vous invoque du profond de mon cœur, afin que, par votre jugement irrévocable, les esprits que j'appelle soient obligés de venir et de m'apporter toutes les fois que je les appellerai et me donner véritable réponse sur ce que je leur demanderai, sans aucun dommage ni à aucune créature de ma compagnie, ni autre que ce soit, sans détriment ni à ma vie, ni à mes esprits, ni à mes sens de nature, et ainsi me laissant l'entière liberté de mes cinq sens de nature, et à mes compagnons, sans me faire horreur ni peur aucune, sans bruit et sans scandale, ils viennent à me répondre avec vérité à tout ce que je leur demanderai. Par vous, mon Créateur et mon Dieu, qui vit et règne à jamais.

Renvoi.

Je te conjure, Esprit N., tel que tu sois, de me quitter en paix et en repos, et d'aller au lieu que Dieu t'a destiné de toute éternité. Par Notre-Seigneur Jésus-Christ, qui vit et règne par tous les siècles des siècles. *Amen.* Je te donne congé et que tu aies à m'apparaître toutes fois et quantes que je t'appellerai, par les seules paroles de ton nom, frappant trois coups de pied contre terre, pour exécuter ma volonté et désir.

*La Patenôtre blanche pour aller
infailliblement en Paradis.*

Petite Patenôtre blanche que Dieu fit, que Dieu dit, que Dieu mit en Paradis. Au soir, m'allant coucher, je trouvis trois Anges à mon lit couchés, un aux pieds, deux au chevet, la bonne Vierge Marie au milieu qui me dit que je me couchis, que rien ne doutis. Le Bon Dieu est mon Père, la Bonne Vierge ma Mère, les trois apôtres sont mes frères, les trois vierges sont mes sœurs. La chemise où Dieu est né, mon corps en est enveloppé, la Croix sainte Marguerite à ma poitrine est écrite ; Madame s'en va sur les champs à Dieu pleurant, rencontrit M. saint Jean. « Monsieur saint Jean, d'où venez-vous ? » « Je viens d'*Ave Salus.* » « Vous n'avez point vu le Bon Dieu : si est, il est dans l'arbre de la Croix, les pieds pendants, les mains clouant, un petit chapeau d'épine blanche sur la tête. » Qui la dira trois fois au matin gagnera le Paradis à la fin.

SECRETS MYSTIQUES

Pour arrêter le cours du feu qui brûle une maison.

Dites : qu'il s'arrête, qu'il s'arrête. J'ai espéré avant vous, Seigneur, qui confondez votre gloire dans l'éternité.

Autrement.

Fais trois croix au manteau de la cheminée avec un charbon de feu et écris : *In te, Domine speravi, non confundar in æternum.*

Pour se garantir des armes à feu.

Dites trois fois : Dieu y ait part et Notre-Dame. Je vois la bouche du mousquet, Dieu garde l'entrée et le Diable la sortie.

Pour l'Amour.

PRENEZ du trèfle à quatre feuilles et le mettez sur la pierre bénite; qu'il soit dit une messe dessus, puis le mettez dans un bouquet que vous ferez sentir à la personne dont vous voulez être aimé, disant: *Gabriel illa sunt.*

Pour guérir la colique.

METTEZ le grand doigt sur le nombril et dites: Marri qui est mari, ou colique passion qui est entre mon foie et mon cœur, entre ma rate et mon poumon: je t'arrête au nom du Père † et du Fils † et du Saint-Esprit †, et dire trois *Pater* et *Ave*, et nommer le nom du patient, disant: Dieu t'a guéri.

Pour arrêter un carrosse ou charrette.

Il faut mettre au milieu du chemin un petit bâton, sur lequel seront écrits ces mots : *Jerusalem omnipotens Deus*, convertis-toi là ; ensuite, traverser le chemin par où doit passer le carrosse ou charrette.

Pour gagner au jeu.

Cueillez de la fougère la veille de Saint-Jean, inclusivement à midi ; faites-en un bracelet en forme de ces caractères, HUTY.

Jarretière pour la marche qui garantit de tous périls et dangers.

Prenez de l'écarlate, faites-en une jarretière qui puisse entourer votre jarret et, sur icelle, mettez neuf cheveux de pendu ; ensuite, achetez du satin blanc de la même longueur, sur lequel vous écrirez avec votre sang : *verbum caro factum est et habitavit in nobis*. Mettez le satin sur l'écarlate et que les paroles touchent les cheveux ; mettez la jarretière à votre jarret gauche, le satin contre la chair : sitôt que l'on sera arrivé, retirez la jarretière pour la reprendre au besoin ; faites bassiner votre lit au sucre et vous lavez la plante des pieds avec du vin.

Pour empêcher un chasseur de tirer
et de rien abattre.

Dites : *Si ergo me quæretis, finite.*

Pour tirer le billet blanc à la milice.

Dites : Seigneur, qui n'avez pas voulu que votre robe fût déchirée, mais qu'elle fût jetée au sort, faites-moi la grâce, moi qui tire aujourd'hui, que je sois exempt; Seigneur, exemptez-moi; Seigneur, exemptez-moi; Seigneur, exemptez-moi, s'il vous plaît; puis dire trois fois le *Pater*, etc...

Pour mettre la paix entre gens qui se battent.

E CRIVEZ sur le tour d'une pomme : HAON, et la jetez au milieu des combattants.

Pour arrêter le sang.

DITES : Place ††† *consummatum* ††† *resurrexit* ††† sur le lieu.

Pour guérir la brûlure.

DITES trois fois sur la brûlure, envoyant à chaque fois votre respiration dessus : feu de Dieu, perds ta chaleur comme

Judas perdit sa couleur, quand il trahit Notre-Seigneur au Jardin des Olives.

Pour châtier les insolents.

Coupez le samedi matin, avant le soleil levé, un rameau de coudre franche d'un an, disant: je te coupe, rameau de cet été, au nom de celui que j'ai délibéré de mutiler; puis mettez une couverture dessus la table, disant: † *In nomine Paris* † *et Filii* † *et Spiritus Sancti*. Dites cela trois fois avec ce qui suit, *et in Cute* Drock † Mirroch † Esenaroth † Betu † Baroc † Maaroth; dites ensuite: Sainte Trinité, punissez celui qui m'a fait ce mal et l'ôtez par votre grande justice † Eson † Elion † Esmaris et, les derniers mots, frappez la couverture, et la personne souhaitée recevra les mêmes coups; l'on entend, par couverture, un habit ou tapis, etc... Remarquez que si vous coupez une branche audit noisetier, à dessein de mutiler quelqu'un d'un membre, il faut le dire en la coupant et, lorsque vous voudrez guérir la personne, coupez une autre branche audit arbre à ce dessein, et vous l'épousterez comme dessus, et il guérira infailliblement. Quand vous voudrez donner une même salade à quelque autre, vous direz seulement : Sainte Trinité, punissez N. † Eson † Elion † Esmaris ; à ces mots d'Anges, frappez comme dessus avec la baguette convenable, et remarquez que ces deux baguettes servent pour toujours ; mais il ne faut pas qu'on ait coupé auparavant aucun bâton à ce coudrier.

Pour faire cesser la grêle et tempête excitée par maléfice.

FAITES le signe de la croix contre les éclairs, la grêle, la foudre et la tempête, puis prenez trois pierres de grêle des premières chutes, et les jetez au feu au nom de l'adorable Trinité et, ayant dit deux ou trois fois l'Oraison dominicale, récitez l'Evangile Saint Jean, lequel achevé, il faut faire le signe de la croix contre la nuée et le tonnerre de tous les côtés, et marquer encore le même signe salutaire sur la Terre, vers les quatre parties du monde; puis, ayant dit trois fois *verbum caro factum est,* on ajoute autant de fois : *per Evangelica dicta fugiat tempestas ista.*

Pour guérir d'ulcère.

Apprête premièrement la compresse, dont tu feras deux morceaux que tu mettras en croix, sur laquelle tu réciteras trois fois les paroles qui suivent :
Dieu est né la nuit de Noël.
Dieu est mort.
Dieu est ressuscité.
Dieu a commandé que les plaies se ferment.
Que les douleurs se passent.
Que le sang s'arrête.

Et il n'entre point en matière ni senteur, comme ont fait les cinq plaies de N. S. J. C. *In nomine Patris,* † *et Filii,* † *et Spiritus Sancti,* † *Amen.* Cela fait, tu la porteras sur la table, puis suceras la plaie trois fois, puis prendras de l'huile et diras trois fois dessus :

Natus est Christus †
Mortuus est Christus †
Resurrexit Christus †

Puis la prendras dans la bouche et la souffleras dans la plaie, et appliqueras la compresse et, si la plaie a sortie, il y faut faire la même chose.

Pour lever tous sorts et enchantements.

P RENDS un cœur de mouton et le perce de clous, et le suspends à la cheminée, disant : Rostin Clasta, Auvara, Chasta, Custodia, Duranée, il faut dire ces mêmes paroles sur le cœur ; et le huitième jour ne se passera pas que le sorcier qui a jeté le sort ne te vienne prier de laisser le cœur, parce qu'il sent de grandes douleurs au sein ; alors tu lui demanderas d'ôter le sortilège, et il te demandera quelque animal pour lui jeter, ce que tu peux lui accorder, sinon il crèvera par le milieu du corps.

Pour découvrir les larrons.

ECRIVEZ séparément sur un papier tous les noms de ceux qui sont dans la maison, maîtres, valets et autres ; jetez les billets dans une poêle d'airain pleine d'eau claire ; puis dites dessus : je te conjure, Onazarde, Arogani, Labilafs, Parandomo, Azigola, Maractatam, Siranday, Eptaleton, Lamboured, de me faire connaître le larron, alors si son nom est dans la poêle il s'élèvera sur l'eau, et s'il en vient deux ou plusieurs, ils seront complices.

Contre les Hémorroïdes.

Il les faut repousser trois fois avec le doigt du milieu de la main droite, disant à chaque fois ; Broka broket, que Dieu m'a fait ; je ne les ai plus de par Jésus. Au nom du Père, et du Fils, et du Saint-Esprit. Ainsi soit-il.

Contre le flux du sang.

Dites : *Anna peririt Mariam, Elizabeth peririt Joannem. Maria autem Christum. In nomine Jesu cesset sanguis ab hoc famulo, vel ab hac famula.*

Pour un Cheval piqué ou encloué.

Dites : *Pater noster, etc.*, jusqu'à *in cœlo, et in terra, etc. In nomine, etc. Amen.* En l'honneur de Dieu et de Monsieur saint Eloy.

Pour le chancre qui arrive aux Bêtes à laines.

CHANCRE blanc, chancre noir, chancre rouge, chancre de toutes sortes, je te conjure de n'avoir non plus avoir sur ce troupeau, que le Diable a sur le Prêtre, quand il dit la sainte Messe.

Contre les maladies et blessures.

JE connais un sergent de village qui dit l'Oraison suivante pour tous les malades et blessés qui se présentent à lui, et qui le prient de la dire. Au nom du Père, et du Fils, et du Saint-Esprit. Madame sainte Anne qui enfanta la Vierge Marie, la Vierge Marie qui enfanta Jésus-Christ, Dieu te bénisse et guérisse, pauvre créature N., de renoueure, blessure, rompure et d'entrave, et de toutes sortes de blessures quelque soit, en l'honneur de Dieu, et de la Vierge Marie, Messieurs saint

Côme et saint Damien, Amen, trois *Pater* et *Ave*; et ce qu'il y a de considérable est que cette Oraison toute éloquente et toute spirituelle qu'elle est, guérit presque tous ceux pour qui elle est dite, ainsi que l'ont assuré plusieurs personnes dignes de foi.

Pour le mal des yeux.

MONSIEUR saint Jean passant par ici, trois Vierges en son chemin, il leur dit: que faites-vous ici? Nous guérissons de la maille. O guérissez, vierges, guérissez l'œil de N. faisant le signe de la croix et soufflant dans l'œil, il continue maille, feu grief, feu que ce soit, ongles, migraine et araignée, je te commande de n'avoir non plus de puissance sur cet œil qu'eurent les Juifs le jour de Pâque sur le corps de Notre-Seigneur Jésus-Christ, puis on fait encore le signe de la croix, et souffle dans l'œil de la personne malade, lui ordonnant de dire trois *Pater* et trois *Ave*. Au nom du Père, et du Fils, et du Saint-Esprit.

Contre les douleurs des dents.

ECRIVEZ ces mots, et les portez pendus au cou : *Stragiles falcesque dentate dentium dolorem persanate.*

Divination par le crible.

QUAND on se détermine à vouloir savoir quelque chose de secret, on place le sas ou crible entre les deux pointes d'une paire de forces à tondre, puis deux personnes mettent chacun le doigt du milieu de la main gauche sous l'anse de la paire de forces où le crible est attaché, et on le soutient en l'air, puis on prononce ce que l'on veut savoir, disant : O crible, tu tourneras, si c'est un tel ou une telle qui a telle ou telle chose, puis on prononce les mystérieuses paroles : Dies Mies Jeschet, Benedœdet, Dowima Enitemaü. Si la personne nommée est coupable, le crible branle, tourne et tombe ; sinon on recommence sous le nom de quelque autre.

Pour la brûlure.

Notre Saint Père s'en va par une voie, trouve un enfant qui crie : Père, qu'a cet enfant ? Il est chu en braise ardente. Prenez du sein de porc, et trois fascines de votre corps, et le feu en sera dehors.

Pour le mal caduc.

Soufflez en l'oreille droite du tombé du mal caduc ces mots : Gaspar fert myrrham, thus Melchior, Baltazar aurum : il se relève sur l'heure, et pour le guérir radicalement, il faut avoir trois clous de fer de la longueur de son petit doigt, enfouissez-les profondément au lieu de sa première chute, et sur chacun nommez le nom du malade.

Contre les Renards.

Dites trois fois la semaine : au nom du Père, † et du Fils, † et du Saint-Esprit † Renards et renardes, je vous conjure, au nom de la très sainte et sur sainte, comme Notre-Dame fut enceinte, que vous n'ayez à prendre ni écarter aucun de mes oiseaux, de mon troupeau, soit coqs, poules ou poulets, ni à manger leurs nids, ni à sucer leur sang, ni casser leurs œufs, ni à leur faire aucun mal, etc.

Contre les Loups.

RÉCITEZ la même Oraison et dites, au lieu de renards et renardes, le nom des bestiaux que vous voulez préserver des loups et des louves.

Pour être dur.

ECRIVEZ sur deux billets avec votre sang ce qui suit : Ranuc † Malin † *Fora consummatum est, in te confedo, Satana,* † vous en avalerez un et porterez l'autre au cou.

FIN

www.ingramcontent.com/pod-product-compliance
Lightning Source LLC
LaVergne TN
LVHW051117080426
835510LV00018B/2085